KB043990

전환시대 생존조건

전환시대 생존조건

문명사적 격변기를 헤쳐나갈 새 가치관을 말한다!

권오문 지음

브라운힐
BrownHillPub

코로나19 사태가 몰고 온 문명사적 전환시대

오늘날 우리는 한 치 앞을 내다볼 수 없을 만큼 급격한 전환기를 살아가고 있습니다. 특히 2019년 12월 중국 후베이(湖北)성 우한(武漢)에서 처음 발생한 이후 가공할 만한 속도로 전 세계로 전파돼 수많은 인명을 앗아간 신종 코로나바이러스 감염증(코로나19) 사태가 겹치면서 인류는 이전에 볼 수 없었던 문명의 대전환을 목격하고 있습니다. 더구나 18세기 말 산업혁명 이후 250여 년 동안 무분별한 개발로 인한 자연생태계 파괴 등 갖가지 문제가 한꺼번에 터져 나오면서 큰 충격에 휩싸여 있습니다.

그동안 지구가 더 이상 버티지 못하는 순간이 올 것이라는 과학계의 경고가 계속돼 왔습니다. 전문가들은 현재와 같은 속도로 지구 온도가 상승할 경우 머지않아 적도에 있는 수천 종의 바이러스가 인간들에게 옮겨올 수 있다고 말합니다. 그리고 1918년에 처음 발생해 한국인 14만여 명을 비롯해 세계적으로 5천만 명의 목숨을 앗아간 스페인독감도 알래스카 빙산에서 발원했다는 연구결과가 나오듯이 빙하가 녹을 경우 100만 종에 달하는 바이러스도 되살아날 가능성도 크다는 것입니다. 이렇듯 지구가 한계상황에 내몰렸다는 사실을 이번 코로나19 사태를 통해 다시 한 번 확인하게 됐습니다.

여기다가 인류는 제4차 산업혁명 시대를 맞아 미증유의 변화를 경험하고 있습니다. 우리는 짧은 기간에 인터넷과 모바일 등 디지털정보혁명을 경험했듯이 머지않아 의식주와 직업, 건강 등 생활 전반에 걸쳐 전혀 달라진 모습을 보게 되리라는 것입니다. 이러한 외적인 환경 변화와 함께 이념과 종교, 철학 등 내적 분야에서도 큰 혼란이 가중되고 있습니다.

그런데 현재 이러한 엄중한 전환기에 과연 우리가 올바로 생각하고 올바른 길로 가고 있느냐는 것입니다. 다시 말하면 지성이 숨 쉬고 합리주의가 온전히 작동하고 있느냐는 점입니다. 요즘처럼 일부 편향된 지식인들이 진실을 호도하거나 은폐하고, 성직자의 말이라면 무조건 믿어야 하는 종교 근본주의가 지성을 옥죄는 상황이라면 새로운 미래는 열릴 수 없기 때문입니다.

인류가 오랫동안 자본주의라는 적자생존의 냉혹한 현실에서 성장을 최고의 가치로 삼아 달려왔지만, 이제는 무한경쟁보다는 다 함께 행복을 누리는 사회로 방향을 바꾸는 근본적 변화를 가져와야 합니다. 더구나 우리 세대만 아니라 후대까지 깨끗한 환경에서 살아갈 수 있도록 하기 위해서는 우리가 더 오래 살아가기 위해 발버둥을 친다거나 나만의 풍요와 번영을 생각하기보다는 다 함께 행복을 누리면서 살아가겠다는 의식혁명이 필요한 시점입니다.

이제 생각의 틀을 바꾸고 일상의 삶을 달리해야 합니다. 보는 곳을 바꾸고 보는 방법을 전환해야 합니다. 현란함과 풍요만을 보지 말고 그 뒤에 감춰진 어두움을 직시해야 합니다. 이때 우리에게 필요한 것이 전면적인 패러다임의 전환입니다. 다시 말하면 이처럼 불확실한 시대에 꼭 필요한 것은 임기응변식 대응이 아니라 현안에 대한 깊이 있는 통찰과 해석을 통해 문제 해결의 근본 실마리를 찾아야 하기 때문에 올바른 가치관이라는 무기가 절실한 것입니다.

특히 우리 안에 숨겨진 인간 본성에 관한 법칙, 즉 나 자신을 둘러싸고 있는 다양한 모습을 근원적으로 파악함으로써 바른 길로 인도하는 것이 무엇보다 중요합니다. 그리고 혹시 나 자신이 자기애(自己愛)에 사로잡혀 있거나 비이성적이고 자아도취, 강박적이고 근시안적 사고, 다른 사람에 대한 배타성이나 시기심, 공격적 성향, 과대망상, 냉소주의, 변덕 등이 있다면 이를 바로잡는 것이 나를 지킬 수 있는 가장 뛰어난 전략이라고 볼 수 있습니다. 다시 말하면 나 자신을 깊이 들여다보면서 내재된 부정적 패턴을 긍정적 에너지로 바꾼다거나 이성적으로 생각할 수 있는 힘을 기르는 것은 올바른 가치관이 자리잡게 될 때 가능해집니다.

우리는 치열한 경쟁사회에서 살아가다 보니 삶의 의미나 행복이 무엇인지 생각할 겨를이 없었습니다. 이제는 우리가 성공적 삶을 원한다면 모든 것을 진지하게 생각하고 근본적으로 접근하는 것이 필요합니다. 우리가 철학적 사고를 갖게 된다면, 어떤 상황이라도 정확하게 통찰할 뿐만 아니라 비판적 견지에서 핵심에 접근하여 어젠다를 설정할 수 있기 때문에 같은 실패를 되풀이하지 않을 수 있습니다. 여기서 우리가 어떤 대상에 대해 옳고 그름을 판단하는 가치관의 중요성이 대두됩니다.

이제 우리는 인간이 왜 사느냐 하는 근본문제부터 천착하면서 이 땅에서 살아가는 동안 최대의 행복을 누릴 수 있는 전략을 새롭게 짜야 합니다. 특히 우리가 몸담고 있는 이 지구 공동체가 우리의 행복한 삶의 터전이 되기 위해서는 다 함께 행복을 누리고, 다 함께 기뻐할 수 있는 길을 모색해야 합니다. 그것이 시대흐름에 부응하는 것이고, 우리가 이 땅에서 살아가는 동안 삶의 의미와 보람을 찾는 길이기 때문입니다.

　이 책은 앞으로 인류가 직면하게 될 여러 환경변화를 짚어보면서 인간의 꿈인 행복한 세계를 어떻게 이룰 것인가에 관심을 갖고 그 방안을 찾아보고자 노력한 결과물입니다. 이 책을 읽는 모든 분에게 언제나 행복이 넘치시길 기원합니다.

2020년 10월 5일

권 오 문

차례

전환시대 새로운 가치관의 모색

오늘날 인류는 한 번도 경험해보지 못한 새로운 환경에 직면해 있습니다. 그것은 18세기 중엽 영국에서 시작된 산업혁명 이후 가장 큰 과학기술 혁신과 그에 따라 이뤄진 사회·경제·문화 등 각 분야에 걸친 구조적 변혁 때문이라고 볼 수 있습니다.

그리고 전 세계가 호흡기 질환인 신종 코로나바이러스 감염증(코로나19)으로 인해 공포 분위기에 휩싸여 있습니다. 코로나19 사태는 그동안 우리 인간의 무분별한 개발정책으로 인한 지구 생태계 파괴와 성장 제일주의의 역습으로 볼 수 있습니다. 이제 패러다임의 전면적 변화와 함께 새로운 가치관으로 무장하지 않는다면 이 격변기를 헤쳐 나가기 어렵다는 것이 속속 드러나고 있습니다.

제4차 산업혁명 시대 인류의 선택

다수의 빈자와 소수의 부자, 앞으로 인류 앞에 다가올 암울한 소식 가운데 하나입니다. 우리의 미래는 장밋빛 전망만 있는 것이 아닙니다. 우리가 그토록 기대해온 과학기술혁명이 중간지대는 사라지고 가진 자와 못가진 자만 존재하는 세상을 만들 수 있기 때문입니다. 다시 말하면 우리 인간이 제4차 산업혁명을 주도하는 인공지능(AI)과 자동화 공장, 3D 프린팅, 사물인터넷, 바이오 헬스케어, 핀테크, 데이터, 뉴 모빌리티, 식량·에너지 기술 등을 어떤 방향으로 이끌고 가느냐에 따라 인류의 미래가 좌우된다는 것입니다.

예를 들면 자율주행 자동차가 보급될 경우 영업용 자동차 운전자들이 당장 일자리를 잃게 됩니다. 결국 새로운 기술의 발달로 인해 경제활동 인구 가운데 상당수가 일자리를 잃게 되면서 저소득층에 대한 지원문제가 발등에 떨어진 불과 같이 된다는 점입니다. 여기다가 소득재분배 성격의 복지비 지출과 연금수령자가 폭발적으로 늘어나면서 정부가 감당하지 못하는 단계에 이를 수도 있습니다.

그리고 요즘 일용직 근로자가 자신이 할 수 있는 일을 직업소개소에 알려준 뒤 하루하루 일자리를 얻는 것처럼, 앞으로는 다수의 플랫폼에 자신의 경력을 등록하고 필요할 때 고용이 이뤄지는 플랫폼 근로자(Platform Worker)가 크게 늘어나게 됩니다. 여기서 몇 시간에서 몇 년까지 다양한 형태의 일자리가 결정됩니다. 특히 대리기사나 배달원, 전문직 프리랜서들이 주로 플랫폼과의 연결을 통해 일자리를 얻게 될 것입니다. 물론 정규직이라고 하더라도 재택근무가 주로 이뤄지고, 각자 한 일에 대해서는 냉정한 평가가 이뤄지다 보니 고용이 보장되지 않은 채 경쟁에서 밀려 낙오되는 경우가 다반사로 일어날 수 있습니다.

우리는 이처럼 앞으로 기술의 변화보다는 그것이 가져올 영향에 대해 더 많은 관심을 가져야 합니다. 이러한 기술의 변화가 우리 삶에 직접적인 영향을 주기 때문입니다. 특히 인공지능과 생명공학이 만나 식량 대량생산의 길이 열리게 될 경우 이를 어떻게 골고루 분배하느냐 하는 문제가 크게 제기될 수 있습니다.

그리고 인공지능 기술의 발달로 인해 경제구조가 바뀌면서 중산층이 추락하고, 국가 간에도 기술과 자원을 얼마나 가졌느냐에 따라 강대국과 약소국가가 갈라지면서 새로운 갈등요소가 나타나게 될 것입니다. 따라서 지금보다 양극화의 문제가 더 크게 제기될 수 있습니다.

특히 우리 일상이 실시간으로 기록으로 남아져 사생활이 사라지게 됨은 두말할 나위가 없습니다. 클라우드에서 양자컴퓨터로 처리되는 데이터는 사람들이 어떤 의사결정을 할 것인지도 예측하면서 모든 삶에 직접 개입하게 됩니다. 이런 상황에서 디지털 권력이 등장하면서 보이지 않는 통제가 나타나게 될 것입니다.

중국 우한(武漢)에서 나비의 작은 날갯짓으로 시작한 코로나19 바이러스는 제4차 산업혁명 시대를 앞당기는 역할을 하고 있습니다. 특히 바이러스 폭풍을 통해 예기치 않게 언택트(비대면) 사회의 도래를 촉진하면서 교육과 쇼핑, 재택근무, 문화생활 전반이 온라인을 통해 이뤄지고 있습니다. 그리고 코로나19 사태에서 벗어나더라도 산업의 급격한 재편으로 세계 질서는 이전과 같지 않을 것으로 보고 있습니다.

이렇듯 인류는 코로나19 사태를 보면서 기존의 틀이 무너져 내리고 있음을 실감하고 있습니다. 이제 생존이 직접적으로 위협 당하고 삶의 존립 기반이 사라지는 공포가 현실로 다가온 것입니다. 코로나19 사태가 종식되더라도 팬데믹(세계적 대유행)을 일으킬 수 있는 또 다른 바이러스 위협이 상습적으로 다가오리라는 전망도 우리 인간들을 더욱 움츠러들게 하고 있습니다. 결국 우리 인간의 생태계 파괴와 무분별한 소비 양식이 바뀌지 않는 이상 제2, 제3의 코로나 사태가 이어질 수 있기 때문에 기존의 경제·사회시스템에 대한 전면적인 성찰과 함께 근본적인 변화가 선행되지 않으면 안 된다는 것입니다.

새로운 위기, 가치관의 혼란

지금부터 100여 년 전인 1917년 11월 7일 블라디미르 일리치 레닌은 무장봉기를 일으켜 정권을 잡게 됩니다. 그 결과 소비에트연방이 성립됐고, 지구촌 곳곳에 공산주의 정권이 들어섰습니다. 이로 인해 수많은 국민이 폭압에 시달리게 됐고, 중국의 마오쩌둥(毛澤東)의 주도로 일어난 대약진 운동 기간에 4천500만 명이 사망하는 등 세계적으로 1억 명가량이 공산화 과정에서 학살을 당했습니다.

공산주의는 생산수단을 노동자들이 공동소유하면서 어느 특정인에 의한 지배와 착취를 막자는 뜻에서 출발했습니다. 지배와 피지배의 관계를 없애기 위해서는 어느 누구도 생산수단을 독점하지 못하게 해야 한다는 것입니다. 그런데 평등한 사회를 실현하겠다는 공산주의가 실패한 것은 노동자 대신에 국가기관이 노동수단을 독점하면서 오히려 노동자들이 생산현장에서 소외되는 결과를 초래했기 때문입니다.

결국 생산수단의 국유화와 국가 계획경제체제에 의한 국가 독점적 생산 양식은 개인의 창의성과 시장의 자동 조절기능을 외면하면서 생산성 저하와 경기 하락을 불러왔고, 모든 것이 하향적 평준화함에 따라 평등사회 실현의 구호 역시 허구로 끝나고 말았습니다.

이는 공산주의 이념의 모순이 드러난 것이기도 하지만, 특히 그 이념을 실현할 공산주의 지도자들의 탐욕이 문제였던 것입니다. 다시 말하면 사유재산제를 철폐하고 사회의 모든 구성원이 재산을 공동 소유함으로써 더 합리적이고 정의로운 평등사회를 실현하고자 했지만, 일부 지도층이 권력을 독점해 최악의 독재국가로 변질되면서 공산정권은 스스로 붕괴를 재촉하여 70여 년 만에 막을 내리고 말았습니다.

그런데 공산주의의 종언을 보면서도 남미의 일부 좌파 정권들은 그 미련을 버리지 못한 채 마약 같은 포퓰리즘 정책으로 국민을 가난의 수렁으로 몰고 갔습니다. 그 결과 베네수엘라의 야권 연대인 중도보수의 민주연합회의(MUD)는 2015년 12월 6일 치러진 총선에서 좌파인 집권 통합사회주의당에 압승했습니다. 베네수엘라에서 좌파 집권당이 다수당 지위를 빼앗긴 것은 1998년 우고 차베스 전 대통령 집권 이후 17년 만입니다. 더구나 베네수엘라는 세계 최대 원유 매장국으로 재정을 원유 수출에 의존했으나 유가가 폭락하면서 경제가 붕괴됐습니다.

차베스 전 대통령은 고유가로 벌어들인 수익 대부분을 빈민층에 대한 무상 교육과 의료·주택 공급에 사용하는 등 포퓰리즘 정책을 펼쳤습니다. 그는 TV방송 프로그램을 매주 직접 진행하면서 복지 선물을 쏟아냈지만 국가 재정이 거덜이 나면서 국민이 쓰레기통을 뒤지고 수백만 명이 탈출하는 나라로 전락하고 말았습니다.

그리고 2015년 10월 아르헨티나 대선에서는 중도우파 성향의 마우리시오 마크리 후보가 승리해 14년간의 좌파 집권이 막을 내렸습니다. 브라질에서도 좌파인 지우마 호세프 대통령이 2016년 8월 부패 스캔들로 탄핵됐습니다. 칠레도 주요 수출 품목인 구리 가격 급락으로 경제가 고꾸라지면서 2017년 12월 대선에서 좌파에서 우파로 정권교체가 됐습니다. 남미에서의 잇단 좌파 정권 몰락은 경제가 무너지면 민심은 바로 등을 돌리게 된다는 교훈을 보여주었습니다.

이는 먼 남의 나라 얘기가 아닙니다. 우리 정치권이 반면교사로 삼아야 합니다. 저성장의 고착화, 저출산·고령화, 청년실업, 빈부 격차 확대 등으로 민생은 갈수록 팍팍해지는데 우리 정치권은 당리당략과 집안싸움에 매몰돼 현실을 직시하지 못하고 있습니다.

특히 진보 정치인들은 1920, 30년대에나 통했던 철 지난 이념, 더구나 1980년대 민주화운동 당시의 논리와 신념이 국가 경영논리가 결코 될 수 없다는 것이 이미 입증됐는데도 이것을 밀어붙이면서 그 피해는 고스란히 국민에게 돌아가고 있습니다. 갈 길을 잃어버린 채 유랑하는 보수정치권도 국민에게 희망을 주지 못하는 것은 마찬가지입니다.

우리가 공산주의 종언과 남미 좌파정권의 몰락, 한국의 포퓰리즘 정책에서 보듯이 이념정치는 모든 것을 정파의 입맛에 맞추고 있다는 점입니다. 결국 지도자들이 이러한 좌파실험에 치중하다가 위기를 맞게 되고, 국민은 고통을 받게 된다는 것입니다. 그런데 이들은 그럴듯한 이념을 앞세우지만 그것은 국민을 위하는 것이 아니라 정파의 이익을 위한 논리로 귀결되고 말았습니다.

오늘날 우리는 전환시대를 맞아 두 가지 어려움에 직면해 있습니다. 그 하나는 급격한 변화의 흐름에 어떻게 적응하느냐 하는 문제입니다. 다른 하나는 지도자들이 국가를 어떻게 이끌어 가느냐 하는 것입니다. 여기서 중요한 것이 올바른 가치관입니다. 만일 국가 지도자가 시대흐름을 외면한 채 편향된 이념을 내세워 통치를 하게 될 때 국가가 위기에 처하고 국민이 고통으로 빠져들 수밖에 없기 때문입니다.

그렇다면 이 시대에 필요한 가치관은 무엇일까요? 우리는 온 인류가 그토록 소망했던 행복을 누릴 수 있는 길을 찾아야 합니다. 우리의 목표는 앞으로 인공지능을 비롯한 첨단기술과 인간이 어떻게 조화하면서 누구나 차별없이 행복하게 살아가는 세상을 만드느냐 하는 것에 있습니다. 다시 말하면 우리는 앞으로 전개될 제4차 산업혁명 시대에 맞춰 모두가 잘살 수 있는 길을 찾아야 한다는 것입니다. 그것은 서로 위하고 사랑하는 세계입니다. 행복은 많은 것을 갖는다고 해서 이뤄질 수 없기 때문에 우리 사회는 가진 자는 못 가진 자에게 나눠줄 수 있는 새로운 가치관으로 무장해야 합니다.

그리고 우리가 성공적 삶을 원한다면 모든 것을 진지하게 생각하고 철학적으로 접근하는 것이 필요합니다. 특히 철학은 삶의 근본원리와 본질을 다루는 것이기 때문에 자신의 삶을 풍부하게 해줍니다. 예를 들면 삶이나 비즈니스 현장에서 어떤 사안의 본질을 꿰뚫고 최적의 솔루션을 찾아내는 철학적 사고법이야말로 성공의 지름길이라고 할 수 있습니다.

더구나 급격한 전환기를 살아가고 있는 우리에게 절실한 것이 생각의 기술입니다. 세계 경영계 거두들이 철학 공부에 열중하고 있는 이유도 여기에 있습니다. 이는 과거 철학자들이 인간과 세상을 향해 던졌던 질문을 돌아보면서 지금 눈앞에 닥친 상황을 냉철하게 분석하여 반면교사로 삼을 수 있기 때문입니다.

특히 누구나 행복하게 살아갈 수 있는 공동체는 참사랑이 넘쳐나는 이상가정을 모델로 온 인류가 형제자매가 되는 대가족 체제라고 볼 수 있습니다. 이러한 세상이 이뤄질 때 개인 사이는 물론 가정에서부터 국가, 세계에 이르기까지 갈등이나 분쟁이 사라질 수 있습니다. 그 세계는 예수가 강조한 것처럼 "이웃을 네 몸같이 사랑"(마가복음 12:31)할 때 이뤄질 수 있습니다.

그런데 인류의 오랜 꿈인 이러한 세상은 어떤 특정 단체나 국가의 힘으로 실현될 수 없다는 점입니다. 우선 근본문제부터 천착하여 가정에서 이뤄지는 부모·부부·자녀·형제사랑을 종족·사회·국가·세계로 확대하는 운동부터 벌여 나가야 합니다. 그런 점에서 지금은 우리가 그러한 세상을 이루기 위해 머리를 맞대고 지혜를 모아 누구나 수긍할 수 있는 참된 가치관 정립에 나서야 할 때입니다.

지금은 문명사적 전환기입니다. 부분적인 변화가 아니라 전면적인 변화의 시대입니다. 낡은 과거와의 단절은 물론 새로운 미래를 설계해야 합니다. 안전하고 지속 가능한 삶을 담보할 새로운 시스템으로의 전환을 위해 전 사회적 역량을 결집해야 합니다.

그리고 개발과 성장 중심의 자본주의에서 벗어나 연대와 협동의 원리로 삶의 방식을 개편하는 거대한 인식의 전환, 패러다임 전환이 이뤄져야 합니다. 코로나19 사태에서 보듯이 우리가 이 기회를 놓치게 된다면 더 많은 대가를 지불할 수밖에 없을 것이기 때문입니다.

제1부
우리에게 무엇이 문제인가

1장
철학의 부재

코로나19, 우리에게 무엇을 말하는가

　요즘 신종 코로나바이러스 감염증(코로나19)이 지구촌을 공포로 몰아넣고 있습니다. 코로나바이러스는 전파력이 높기 때문에 수많은 사람이 희생된 것은 물론 여러 형태의 감염 방지책을 시행하다 보니 인간의 생활모습을 크게 바꿔놓고 있습니다. 14세기 중반 유럽을 휩쓸었던 페스트(흑사병)가 3년여 만에 유럽 인구의 3분의 1, 즉 6천만 명이 사망한 것으로 알려진 것처럼 코로나19 역시 엄청난 파괴력을 보여주고 있습니다.

　페스트의 대유행 이후 유럽은 더 이상 신(神)이 인간을 지켜주지 못한다고 생각하는 이들이 늘어나면서 종교 중심의 세계관에서 차츰 벗어나게 되고, 일할 사람이 절대적으로 부족하다 보니 영주들이 농원을 유지할 수가 없게 되면서 봉건제도가 무너지게 됩니다. 그러면서 유럽의 르네상스 시대가 시작되는 등 예전과는 전혀 다른 환경으로 바뀌게 됩니다.

　인류는 그동안 인간의 생명을 대량 앗아가는 전쟁과 전염병 등 여러 재앙을 경험했습니다. 전쟁은 살상무기를 통해 상대방을 제압하면서 사상자를 내게 되지만, 전염병은 지역을 초월해 단기간에 많은 사람의 목숨을 앗아가는 특징이 있습니다. 그런데 전쟁은 인간의 탐욕이 주된 원인이라면 전염병은 자연생태계의 파괴로 인해 발생하고 있다는 점에서 이러한 재앙에서 벗어나기 위해서는 인간과 자연의 관계는 물론 인간 본연의 모습을 회복할 수 있는 가치관 정립이 시급한 과제가 아닐 수 없습니다.

코로나19가 몰고 온 세상 변화

코로나19 팬데믹(세계적 대유행)이 아시아를 넘어 전 세계를 강타하면서 기존의 사회·경제 시스템을 뒤흔들고 있습니다. 특히 코로나19 바이러스의 치명적 감염력과 치사율 때문에 정부는 여러 사람이 모이는 대중집회를 금지하고 있습니다. 그리고 서로 간의 접촉을 피하게 하는 것이 확진자를 줄이는 길이라고 보고 '사회적 거리 두기'를 시행하고 있습니다.

그러다 보니 어느 나라든 문밖출입을 자제하면서 유통이나 항공, 호텔, 제조업 등 경제 전반이 붕괴 위기에 직면하게 된 것입니다. 여기다가 집단적으로 모일 수밖에 없었던 학교나 직장, 교회 등이 가장 큰 타격을 받았습니다. 특히 폐쇄적 공간인 교실에서 학생들을 가르치던 전통적 교육은 온라인 원격강의 시스템이 도입되면서 전면적인 변화가 나타나고 있습니다.

특히 기업들이 언제 어디서나 업무를 볼 수 있는 유연한 근무제인 스마트워크 시스템을 도입하게 될 경우 직장인들의 업무 환경이 혁명적으로 바뀌게되리라고 봅니다. 직장인들이 그동안의 근무 관행에서 벗어나 재택근무가 활성화하면 지금과는 판이한 세상에서 살아가게 될 것입니다. 물론 일부 기업의 경우 이미 스마트워크를 도입해 시간·공간의 제약을 극복하면서 근무자들이 자유로운 소통과 협업을 통해 좀 더 창의적으로 일할 수 있도록 해왔지만, 이번 코로나19 사태를 계기로 그 필요성이 다시 한 번 확인된 셈입니다.

이번 코로나19 사태의 파장은 종교계도 예외는 아닙니다. 그동안 변화에 둔감했던 집단인 종교계에 가장 큰 변화가 몰아치고 있습니다. 특히 일부 기독교 교단이 코로나19 바이러스를 집단적으로 확산시키면서 지탄의 대상이 됐지만 예배당에 옹기종기 모여 예배를 보는 관행에도 상당한 변화가 있을 것이라고 봅니다. 물론 그동안 인터넷이나 방송으로도 설교를 들을 수 있었지만 이번 코로나19 사태를 계기로 예배의 본질에 대한 논의가 본격적으로 나타나고 있습니다.

기독교는 그동안 하나님에 대한 찬양과 송영, 기도, 말씀의 선포, 헌금, 성도들과의 교류 등에 예배의 목표를 뒀습니다. 그러나 예배의 본질이 하나님과의 소통에 있다는 점에서 기존의 예배에 대한 시각도 변화할 수밖에 없습니다. 이미 탈종교 현상과 맞물려 이러한 조짐이 나타나고 있는 것은 달라지는 현실을 반영하고 있기 때문입니다.

사회적 거리두기는 이슬람권에도 마찬가지입니다. 이슬람교도 예배 관행 등을 바꾸고 있습니다. 사우디아라비아는 성지순례 기간 이외에 임의로 하는 순례인 '우무라(Umrah)'를 잠정 금지했습니다. 사우디에는 이슬람 3대 성지 중 2곳인 메카와 메디나가 있으며, 2019년에만 우무라에는 750만 명이 참여할 정도로 많은 순례객이 성지를 찾았습니다. 이란 역시 모든 지방도시에서 금요일 기도가 중단됐습니다. 이러한 금요일 기도 중단은 어느 나라도 예외가 없었습니다.

종교계는 이번 코로나19 사태를 계기로 중요한 정보가 집적된 빅데이터를 활용하여 온라인 예배를 활성화할 것으로 보입니다. 특히 이를 활용해 설교 주제를 선정하거나 특정 연령층에 대한 선교전략을 발 빠르게 수립하게 될 것입니다. 최근 들어 한 교회에 소속되지 않고 여러 교회의 예배에 참여하는 떠돌이 성도들도 그 대상이 될 수 있습니다. 이들은 쇼핑을 하듯이 여러 목회자들의 설교를 골라서 듣고 있습니다.

그리고 그동안 우리 인간이 추구했던 무분별한 물질문명의 발달과 생태계 파괴에 따른 부작용들이 코로나19라는 전염병을 통해 나타나고 있습니다. 특히 이번 사태는 생태계를 파괴해가며 성장과 발전을 이루고자 했던 현대인의 삶에 대한 경고입니다. 전문가들은 앞으로도 또 다른 변종 바이러스가 끊임없이 출현할 것에 대비해 전면적인 변화가 뒤따라야 한다고 보고 있습니다. 그런 점에서 외적으로는 육식 위주의 식습관과 자원낭비적인 생활방식의 변화가 불가피하며, 내적으로는 인간 사이의 소통은 물론 인간과 일반 생태계의 조화로운 관계가 유지돼야 한다는 것입니다.

혼란기를 헤쳐 나갈 가치관의 부재

현대사회가 안고 있는 가장 큰 현안으로 가치관 부재 현상을 들 수 있습니다. 전통 가치관은 붕괴됐고, 현시대 흐름을 이끌어갈 새로운 가치관은 아직 정립되지 못했기 때문입니다.

그런데 오늘날 우리 사회가 거짓과 속임, 불의, 불법이 난무하고 있는 것은 개인주의를 밑바탕으로 한 가치기준이 자리잡고 있기 때문입니다. 그래서 현대사회의 이러한 난맥상을 근본적으로 치유하기 위해서는 무엇보다도 절대가치관이 올바로 자리잡아야 합니다. 특히 인류사회는 그동안 성인들의 가르침을 중심으로 가치관이 형성돼 왔지만 경쟁 우선주의의 자본주의 영향으로 다양한 견해가 존중되는 사회로 바뀌면서 이 역시 힘을 쓰지 못하고 있습니다. 그러다 보니 현대사회는 가치관의 부재 현상으로 혼란에 휩싸이고 있습니다.

중국 고대의 춘추전국시대도 요즘처럼 그야말로 무한경쟁과 약육강식의 혼란기였습니다. 춘추시대(BC770~BC403)가 170여 제후국이 본격적으로 패권을 다툰 시대였다면, 전국시대(BC403~BC221)는 수많은 제후국이 경쟁에서 도태한 뒤 일곱 개의 거대 제후국만 생존해 최종 승자의 자리를 다투고 있던 때였습니다. 다시 말하면 춘추시대는 주(周)왕조가 서방의 유목민인 견융의 공략으로 뤄양(洛陽)으로 도읍을 옮긴 때로부터 진(晉)나라의 대부(大夫)인 한(韓)·위(魏)·조(趙) 삼씨가 진나라를 분할하여 제후로 독립할 때까지의 시대이며, 전국시대는 그 이후부터 진(秦)나라가 천하를 통일할 때까지입니다.

춘추전국시대 550년 동안 약육강식의 정복 전쟁을 벌이는 과정에서 주나라의 봉건제도가 해체되고 새로운 질서를 잡아가면서 제자백가(諸子百家)라고 일컫는 많은 사상가들이 등장했습니다. 당시 이들은 전쟁과 내란, 굶주림 등이 몰고 온 혼돈의 시대를 도대체 어떻게 멈추게 할 것인가에 대한 뜨거운 논쟁을 벌였으며, 그들 가운데는 공자와 맹자, 순자 등 걸출한 사상가들도 있습니다.

이들은 중원을 돌아다니며 자신이 가진 사상을 전파하고 이를 토대로 국가의 이데올로기와 정책을 만들어 나갔습니다. 즉 이들을 중심으로 유가, 도가, 묵가, 법가 등 새로운 사상이 끊임없이 잉태되면서 정치·사상·문화면에서 보기 드문 지성의 황금기를 열었습니다.

여기서 유가(儒家)는 효제(孝悌)·인의(仁義)·예(禮)를 바탕으로 정치를 해야 한다고 주장했고, 묵가(墨家)는 가족이나 국가의 경제를 초월한 겸애(兼愛)의 정신을 역설하였으며, 법가(法家)는 법의 일원적 지배, 군주권력의 절대화에 의해 부국강병의 실현을 정치의 목표로 삼았습니다. 이와 함께 도가(道家)는 인위적인 것을 배격하고 자연의 원리인 도(道)에 의한 무위자연(無爲自然)의 삶을 내세우면서 인간 각자의 절대적 자유를 주장했습니다.

21세기에도 2천500년 전 춘추전국시대처럼 여전히 세상은 어지럽고 사람들은 절망을 이야기하고 있습니다. 지금도 인간의 이성이나 도덕이 권력에 대한 탐욕과 이기심을 제어하지 못한 탓에 한탄만이 여기저기서 들려오고 있습니다. 춘추전국시대에는 공자, 노자, 묵자, 맹자 등 제자백가들이 등장하여 혼란을 정면으로 수습하고자 했지만, 이 시대는 아직 그러한 조짐이 보이지 않고 있습니다.

다시 말하면 혼란기에는 역설적으로 그 시대를 정면 돌파할 수 있는 철학을 잉태했습니다. 철학자들은 진흙탕에서 연꽃을 피우려는 마음으로 고군분투했고, 그러다 보니 찬란한 사유의 불꽃으로 타올랐던 것입니다. 그런 점에서 유사 이래 가장 혼란기라고 볼 수 있는 요즘 철학의 관심은 뿌리 깊은 삶의 고통과 상처를 어떻게 어루만지고 근본적으로 치유할 수 있는가 하는 것에 모아질 수밖에 없습니다.

그런데 우리는 철학 부재 시대를 살아가고 있습니다. 이는 개인주의가 득세하면서 다양한 사람들의 다양한 생각이 존중받고 있기 때문일 수도 있습니다. 그렇지만 지금은 코로나19 사태가 몰고 온 변화 외에도 현대사회가 안고 있는 각종 현안을 치유할 수 있는 근본적 방안이 제시돼야 한다는 목소리가 높습니다. 다시 말하면 인류가 춘추전국시대처럼 대혼란기를 수습해온 지혜를 거울삼아 인간사회의 모순을 극복할 수 있는 길을 찾아야 한다는 것입니다. 그래서 철학 부재 시대에 살아가는 인류에게 새로운 가치관을 제시함으로써 인간 본연의 모습을 회복할 수 있어야 합니다.

우리 인간이 무엇이 좋고, 옳고, 바람직한 것인지를 판단하는 가치관은 철학의 주요 주제입니다. 가치관은 세상과 나 사이의 접점을 찾고 인생의 좌표나 잣대, 자신의 정체성을 결정하는 기준이 됩니다. 그래서 자연관·우주관·철학관·인생관·도덕관 등을 포함하는 가치관은 인생을 어떤 방향으로 어떻게 살아갈지 그리고 어디로 나아갈지를 제시하는 방향키와 같다고 볼 수 있습니다.

그런데 우리 인간은 현실의 삶 속에서 끊임없는 가치 충돌을 경험하게 됩니다. 특히 금전이나 권력, 지위, 명예, 향락 등에 휘둘릴 경우 인생에 있어서 불행한 결말을 가져올 수 있습니다. 그렇지만 우리가 대체로 인격이나 지식, 예술, 자유, 우정, 정의 등의 내면적 가치를 높게 볼 경우 안정적 삶을 유지할 수 있습니다. 그런 점에서 인간이 올바른 가치관을 갖는 것만큼 중요한 것이 없습니다.

최근 코로나19 사태를 통해 종말론을 내세우며 혹세무민을 하는 등 종교의 민낯이 그대로 노출되고 있습니다. 이는 종교가 지향해야 할 가치관, 즉 종교가 본질에서 벗어날 때 얼마나 많은 피해를 주는가를 보여주고 있습니다. 여기다가 일부 목회자들은 코로나19 사태를 두고 '하나님의 심판' '신의 저주'라는 말을 서슴지 않고 하고 있습니다.

중세시대 유럽인들은 페스트가 휩쓸게 되자 하나님이 내리신 징벌이라 믿고 교회나 기도원에 옹기종기 모여 회개의 기도를 올렸지만 전염병은 더욱 확산됐을 뿐 위기에서 벗어날 수 없었습니다. 하나님은 이들을 외면한 것이나 다름없을 정도로 결과는 참혹했습니다. 종교계가 올바른 가치관을 갖게 된다면 중세적 맹신에서 벗어날 수 있습니다. 오늘날 이렇듯 특정 종교나 집단에서 내세우는 교리나 이념도 인간들을 잘못 이끌어갈 수 있다는 점을 간과해서는 안 될 것입니다.

그런 점에서 첨단과학기술의 총아인 인공지능(AI) 시대를 살아가는 현대인에게 꼭 필요한 가치관은 어떤 것인지 모색해야 합니다. 우리가 올바른 가치관을 정립할 때 우선 고려해야 할 것은 개인과 전체가 조화될 수 있는 길을 찾아야 한다는 것입니다. 동양에서 인간과 자연의 관계를 '도(道)'의 개념으로 파악하고, 인간과 인간의 관계는 두 사람을 뜻하는 '인(仁)'의 개념으로 설명하고 있지만 이러한 관계들에 공통되는 기본개념은 조화입니다.

그래서 개인도 행복하고 전체도 조화를 이룰 수 있는 가치관을 모색하는 것이 필요합니다. 성인들이 사랑을 말한 이유도 여기에 있습니다. 결국 누구나 차별없이 행복하게 살아갈 수 있는 길을 모색하지 않을 수 없습니다. 특히 각국이 국수주의적 고립의 길보다는 전 세계적 연대의 길, 세계는 한 가족이라는 공동체 의식이 뿌리내릴 수 있도록 하지 않으면 안 된다는 것을 이번 코로나19 사태는 다시 한 번 확인해 준 것입니다.

인간 저 너머의 새 세계와 마주하다

현대인들은 매일 눈코 뜰 새 없이 바쁘게 살아갑니다. 언제나 치열하게 경쟁을 하다 보니 내가 누구인지, 어떻게 살아가야 하는지 고민을 할 겨를도 없이 살게 된다는 것입니다. 그리고 우리는 살면서 많은 일을 하게 됩니다. 한 가지 일을 끝내면 다른 일을 계획하고 그 일이 끝나면 또 다른 일을 찾습니다. 모든 일에는 시작과 끝이 있는 것처럼 삶의 종착역이 결국 죽음인 건 누구나 알지만, 아등바등 모든 힘을 다해 마지막 순간까지 일을 하는 것입니다.

우리는 이처럼 끝을 알면서도 매일 최선을 다해 열심히 살아가고자 노력합니다. 그것은 끝이나 결과만큼 과정과 노력이 소중하다는 것을 알기 때문입니다. 그래서 '왜 사는가?' 라는 것보다 '어떻게 사는 게 좋을까?' 라고 생각하면서 살아갑니다. 그렇지만 우리가 왜 존재하는가에 대한 답을 찾다 보면 어떻게 살아야 하는가에 대해서도 더 명확한 이유를 발견하게 될 것입니다. 어쨌든 우리 인간은 부단히 '왜?' 라는 질문을 던집니다. 철학이나 종교가 존재하는 이유도 그것 때문입니다.

우리는 왜 사는 걸까

그런데 우리 인간은 대부분 이 땅에 태어나 자기가 왜 사는지 깊은 고민을 해보지도 못한 채 생을 마감하게 됩니다. 우리가 왜 사는 것일까에 대한 해답을 찾지 못하고 세파에 휩쓸려 살다가 세상을 떠나게 된다는 것입니다. 이러한 근원적인 문제에 대해 가장 많이 고민한 분들이 성인이라고 말할 수 있습니다. 그들은 인간이 왜 사는가 하는 것에 대해 명쾌한 해답을 내놓았기 때문에 많은 사람이 따르고 있습니다.

붓다는 혹서의 인도 중부지역 각지를 다니면서 45년간에 걸쳐 설법과 교화를 계속하다가 80세에 이르러 죽음을 예견하고 제자들에게 "자신을 등불로 삼고 자신을 귀의처로 하라. 법을 등불로 삼고 법을 귀의처로 하여 수행하라."는 유언을 하게 됩니다. 그리고 "내가 설한 교법(敎法)과 계율이 내가 죽은 후 너희들의 스승이 될 것이다."라는 말도 남겼습니다. 붓다는 운명 직전에 눈물을 흘리는 제자들에게 "슬퍼하지 마라. 내가 언제나 말하지 않았느냐. 사랑하는 모든 것은 곧 헤어지지 않으면 아니 되느니라. 제자들이여, 그대들에게 말하리라. 제행(諸行)은 필히 멸하여 없어지는 무상법(無常法)이니라. 그대들은 중단없이 정진하라. 이것이 나의 마지막 말이니라."고 당부합니다.

우리는 붓다의 유언에서 인간이 왜 사는가에 대한 해답을 발견하게 됩니다. 붓다는 몸 밖의 몸을 지배하는 정신, 시공(時空)이 끊어진 자리가 나 자신이기 때문에 생사란 없다는 것입니다. 그리고 붓다는 우주의 주체가 나(我)이기 때문에 천당과 지옥은 내 마음 가운데 존재하는 것이며, 그래서 현실에 대한 환상이나 집착을 가질 필요가 없다고 보았습니다. 이렇듯 불교에서 말하는 수행도 번뇌의 구속에서 벗어남을 의미하는 열반, 즉 불사(不死)에서 완성이 됩니다. 다시 말하면 생사윤회의 고통에서 벗어나는 것이 열반이고, 그것은 결국 불교 수행의 궁극적 목적이자 종착점이라고 볼 수 있기 때문에 중단 없이 정진하라고 한 것입니다. 여기에서 생사문제가 완전하게 해소되기 때문입니다. 이처럼 불교만큼 생사문제를 진지하게 깊이 다루는 종교는 찾아보기 어렵습니다.

공자는 생사문제보다는 현재 어떻게 올바르게 살 것인가에 대해 천착을 했습니다. 제자인 계로가 "죽음이 무엇입니까?"라고 묻자 공자는 "태어나는 것도 모르는데 어찌 죽음을 알리오."라고 반문했습니다. 유교는 내세관을 갖고 있지 않기 때문에 죽음관도 확실하지 않지만, 경천신앙을 가지고 있고 조상에 대한 제사 행위를 통해 죽음 이후의 세계에 대해서도 관심을 가졌습니다. 우리는 공자로부터 현세의 삶을 어떻게 살아가고 모두가 행복하게 살아가는 이상세계를 어떻게 실현할 것인가를 배울 수 있습니다.

예수는 붓다나 공자와는 달리 공생애를 출발하기 이전에는 어떻게 살아왔는가에 대해 잘 알려지지 않고 있습니다. 그래서 어떤 고민을 가지고 인생문제를 해결했는가 하는 것에 대해서는 알기 쉽지 않습니다. 그렇지만 하나님과 인간의 관계에 대해 새롭게 밝히면서 우리 인간이 하나님의 아들이 되고, 하늘나라를 건설하는 것을 최고의 목표로 제시했습니다. 특히 예수가 "나를 본 사람은 아버지를 보았다."(요한복음 14:9)고 말한 것이나 시몬 베드로가 "하나님의 아들"(마태복음 16:16)이라고 증거한 것에 비춰볼 때 예수는 스스로 하나님의 아들로 생각했습니다.

세례요한 역시 예수를 "아버지의 품속에 계신 외아들"(요한복음 1:18)로 증거했습니다. 그래서 예수는 자신을 믿는 사람은 "영생을 얻게"(요한복음 3:16) 된다고 말합니다.

그런데 예수는 영생의 조건으로 "누구든지 다시 나지 않으면 하나님 나라를 볼 수 없다."(요한복음 3:3)고 못 박았습니다. 이는 예수 자신을 신앙의 대상으로 추종하는 것보다는 예수의 가르침을 따라 거듭 태어나고 실천해야 된다는 것을 말합니다.

그래서 제자들에게 "어찌하여 너희는 나더러 '주님, 주님!' 하면서도, 내가 말하는 것은 행하지 않느냐?"(누가복음 6:46)고 질타했고, 훗날 자신을 열심히 믿는 신자들을 향해서도 "나더러 '주님, 주님' 하는 사람이라고 해서, 다 하늘나라에 들어가는 것이 아니다. 하늘에 계신 내 아버지의 뜻을 행하는 사람이라야 들어간다."(마태복음 7:21)고 분명히 밝혔습니다. 믿음보다는 실천이 신앙의 결정적 과제임을 강조한 것입니다. 그러면서 "하늘에 계신 너희 아버지께서 완전하신 것같이 너희도 완전하여라."(마태복음 5:48)고 하는 목표를 제시했습니다.

그리고 예수는 우리 인간이 어떻게 살아야 하는가 하는 문제를 놓고 많은 가르침을 주었습니다. 대표적 사례가 도덕적인 삶을 강조한 이른바 '산상수훈'(마태복음 5~7장)입니다. 산상수훈은 △마음이 가난한 사람 △슬퍼하는 사람 △온유한 사람 △의에 주리고 목마른 사람 △자비한 사람 △마음이 깨끗한 사람 △평화를 이루는 사람 △의를 위하여 박해를 받은 사람은 하나님이 함께할 뿐만 아니라 복이 있다는 팔복(八福)으로 시작하여 원수까지 사랑하라는 행동 기준과 주기도문을 제시합니다.

그런데 예수는 가난한 사람과 죄인, 환자 등 소외층과 함께하고 유대교 지도자들과 기득권층을 서슴없이 공격하면서 반체제 인사로 몰리게 됩니다. 여기다가 예수의 이 같은 활동이 반로마적인 메시아 운동이라는 것을 우려한 로마 지배층은 유대교 지도자들과 야합해 로마의 형법에 따라 예수를 십자가형에 처하게 됩니다.

가식과 위선이 판치는 세상

그렇다면 4대 성인이 살던 때와 지금 우리가 몸 담고 있는 이 때는 살아가는 방법이 달라진 것이 있을까요? 그때나 지금이나 우리 인간은 누구나 왜 사는지, 어떻게 살아가야 하는지 하는 문제를 놓고 고민하고 있고, 그에 대한 해답 역시 미해결 과제로 남아 있습니다. 그래서 오늘날 성인들이 다시 온다고 하더라도 똑같은 말을 하지 않을 수 없을 것입니다.

그리고 그들이 다시 이 땅에 와서 그때와 똑같은 가르침과 행동을 보여주더라도 환영하는 사람은 그리 많지 않으리라고 봅니다. 다시 말하면 예수가 유대교 지도자들에게 박해를 받은 것처럼 다시 오는 예수 역시 기독교로부터 몰림을 받게 되는 것은 불문가지입니다.

그런데 성인들이 살았던 시대와 지금은 환경부터 판이합니다. 우선 인공지능(AI)의 등장을 들 수 있습니다. 인간이 인공지능에게 일자리를 내주면서 힘든 노동에서 해방되게 되다 보니 사회 구조나 살아가는 방식이 전혀 달라질 수밖에 없습니다. 인공지능에 의한 대량 생산이 가능한 사회에서 가장 경계해야 할 것은 그 생산물을 골고루 나누지 않을 때 일어나는 갈등입니다. 그리고 많은 노동자가 일거리가 없다 보니 소득이 줄어들게 되고 구매 능력도 사라질 수 있습니다. 따라서 인간관계는 물론 인공지능과 인간의 관계를 어떻게 재조정해 나갈지가 큰 과제가 아닐 수 없습니다.

그런 점에서 인간의 시대는 끝나고 '인간 너머의 시대'로 간다는 주장이 제기되는 것입니다. 인간 너머의 시대는 인공지능과 기계인간, 복제인간이 인간과 동거하게 됩니다. 구글의 미래연구 사령탑 레이 커즈와일이 2045년에 기계가 인간을 넘어서는 '특이점'이 도래할 것이라고 주장한 것도 이와 맥락을 같이합니다.

2017년 10월에 개봉한 라이언 고슬링 주연의 SF 영화 '블레이드 러너 2049'는 30년 후의 세계, 즉 '인간 너머의 시대'가 우리 앞에 어떻게 펼쳐질 것인가를 보여주고 있습니다. 영화는 인간의 통제를 벗어난 리플리컨트(복제인간)를 색출해 퇴역 처분하는 임무를 가진 특수경찰의 이야기를 담고 있습니다.

특수경찰은 임무 수행 도중 약 30년 전 여자 리플리컨트의 유골에서 출산의 흔적을 발견하면서 이 사실이 알려지게 되면 큰 혼란이 야기될 것으로 보고 이를 덮으려고 합니다. 하지만 리플리컨트의 숨겨진 진실에 접근할수록 정체성 혼란을 겪게 되는 특수경찰은 자신의 출생 전말을 캐내기 위해 30년 전 자신이 알고 있는 비밀을 숨기고자 스스로 사라져버린 비밀경찰을 만나 상상치 못한 진실을 마주하게 됩니다.

1982년에 선보인 '블레이드 러너'에서는 리플리컨트들이 4년이라는 수명 제한의 극복을 위해 자신의 창조주 인간에게 도전하는 이야기를 그리고 있습니다. 이는 신에 의지하거나 과학의 힘으로 죽음의 한계를 극복하고자 발버둥치는 우리 인간의 모습과 다름이 없습니다. 1편이 이렇듯 죽음의 한계에 맞서는 리플리컨트의 인간적 투쟁에 초점을 맞추었다면, 그로부터 30년 뒤의 세계를 그리고 있는 2편은 상대와 사랑을 나누고 어린 시절 자신의 기억과 정체성을 찾아 헤매는 등 인간보다 더 인간적인 리플리컨트의 모습을 보여주고 있습니다.

21세기 인류는 인간 저 너머의 새로운 세계와 마주하고 있습니다. 그래서 우주의 모든 존재물을 공존이 아니라 주체와 객체라는 이분법적으로 파악해온 기존의 인간 위주의 사상에도 변화가 오지 않으면 안 된다는 것입니다. 최근에 북반구를 강타한 폭염을 비롯한 이상기후 현상은 이러한 인간중심주의 사상으로써는 해결할 수가 없다는 것을 보여주고 있습니다.

특히 인간을 이성과 자유 의지가 있는 능동적 '주체'로 본 반면에 비인간은 순수한 물질로서 인과적 결정 법칙을 따르는 수동적 '객체'로 보았습니다. 따라서 인간은 비인간보다 우월한 존재이고, 비인간 사물은 인간 행위에 사용되는 도구나 자원 또는 그 배경이나 제약 조건으로 간주하는 경향이 있었습니다. 다시 말하면 자연의 세계와 인간의 세계를 분리해온 기존의 근대주의적 사유는 큰 도전에 직면한 것입니다. 그래서 21세기 사상의 공통점은 모든 근대주의적 사유의 토대를 이루는 인간중심적 이원론을 극복하는 데 있습니다.

그런 점에서 일각에서는 동물과 식물, 무생물, 기상 현상 등과 같은 비인간세계에도 인간과 동등한 영혼이 있다고 보고 이들과 공존하고자 한 아마존 원주민의 사상에 주목하게 됩니다. 서구의 근대주의적 사유에서 보면 아마존 원주민의 우주론은 비합리적인 야만인의 사유에 불과할 수 있지만, 인간 중심적 이원론을 극복하고자 하는 21세기 사상에서는 지구적 생태위기를 극복할 수 있는 희망을 원주민의 사유에서 찾게 되는 것입니다. 이들에게는 서구세계가 비서구의 토착적 지식과 실재를 폭력적으로 파괴하고 정복해온 것과는 달리 이기적 목적 때문에 비인간 존재를 살상하거나 파괴하는 일이 일어나지 않습니다.

결국 인간과 비인간을 동등한 행위자로 보면서 서로 간의 다양하고 역동적인 결합을 통해 인간과 우주의 조화와 화합을 도모하려는 탈인간중심적 사상이 자리잡게 될 때 지구촌의 미래는 더욱 밝아질 것입니다. 그것은 인간과 자연의 근원이자 거대한 우주의 질서를 세운 신을 새롭게 발견하는 길이기도 합니다.

지금은 개인주의가 득세하면서 가치관의 혼란이 극에 달하고 있습니다. 특히 자본주의 사회는 치열한 경쟁으로 개인의 이익을 쟁취하는 데 혈안이 돼 있습니다. 개인주의는 인간의 존엄과 자기결정이라는 두 가지 요소를 앞세우고 있지만 다른 사람과 더불어 살아가는 세상에서 개인주의가 이기주의로 변질돼서는 안 된다는 것입니다.

그리고 지금은 전체의 이익보다는 개인의 이익을 앞세우다 보니 언제나 갈등과 분쟁이 끊이질 않고, 빈부격차가 심화하고 있습니다. 그런 점에서 이러한 혼란을 줄이기 위해서는 과감한 인식 변화와 함께 사회개혁이 이뤄져야 합니다. 그것은 개체적 목적과 전체적 목적이 조화를 이루게 될 때 가능하게 될 것입니다.

오늘날 전대미문의 혼란을 수습하기 위해서는 성인들의 가르침을 어떻게 시대흐름과 접목시키느냐 하는 것이 중요한 과제가 아닐 수 없습니다. 그것이 가식과 위선이 판치는 세상을 하루 빨리 종식시키고 모든 사람이 차별없이 행복하게 살아가는 길이기 때문입니다.

그런 점에서 21세기에 들어와 인간과 인간, 인간과 자연이 공생·공영하면서 아름답고 지속 가능한 지구촌을 만들자는 사상이 대두되고 있는 것은 여간 다행스러운 방향이 아닐 수 없습니다. 개인보다는 다수의 이익을 우선하는 공동체 정신이 정착될 때만이 오늘날 우리 사회가 안고 있는 현안들을 수습할 수 있을 것입니다.

공존과 상생 연대의 행동철학

    인간은 누구나 불행을 물리치고 행복을 찾으려고 몸부림치고 있지만 그것이 이뤄지지 않는 것은 인간 자체가 안고 있는 모순 때문입니다. 우리 인간은 자신의 욕망이 달성될 때 행복을 느끼게 되지만 실제로 그 욕망은 선의의 욕망만이 아니라 자신도 모르게 불의한 욕망으로 흐르고 있습니다. 다시 말하면 우리 인간에게 선의의 욕망만 있다면 행복이 쉽게 이뤄지게 되지만 실상은 그렇지 못하다는 것입니다.

    우리 인간은 이렇듯 선의 욕망을 성취하려는 본심의 지향성과 이에 반하여 악의 욕망을 달성하려는 사심(邪心)의 지향성이 각기 상반된 목적을 앞세우고 치열한 싸움을 하고 있습니다. 결국 인간의 이러한 모순성 때문에 불행의 늪에서 빠져나오지 못하고 있습니다. 그리고 인간사회 역시 선과 악, 정의와 불의 등 양면이 공존하기 때문에 언제나 불행한 사태가 잇따라 터져 나오고 있습니다. 그래서 성인들도 인간의 이러한 실상을 깨닫고 불의한 욕망, 특히 탐욕에서 벗어나는 것을 가장 중요하게 다뤘습니다.

탐욕을 경계한 성인들

예수는 우리의 마음 가운데 인간을 더럽히는 것으로 탐욕을 꼽았습니다. 즉 "사람의 마음에서 나오는 것은 악한 생각 곧 음란과 도둑질과 살인과 간음과 탐욕과 악독과 속임과 음탕과 질투와 비방과 교만과 우매함이니 이 모든 악한 것이 다 속에서 나와서 사람을 더럽게 하느니라."(마가복음 7:21~23)고 한 것입니다.

그러면서 여러 비유를 통해 인간의 탐욕이 얼마나 무서운 것인가에 대해 이야기합니다. 즉 어떤 사람이 형제들 간의 유산 문제로 예수에게 지원을 요청하자 예수는 "너희는 조심하여, 온갖 탐욕을 멀리하여라. 재산이 차고 넘치더라도, 사람의 생명은 거기에 달려 있지 않다."(누가복음 12:15)고 강조합니다.

예수는 욕심이 많은 부자 이야기를 비유로 들면서 탐욕에 대해 경고를 합니다. 그 부자는 소출을 많이 거둬 쌓아둘 곳을 찾다가 곳간을 더 크게 짓겠다는 궁리를 합니다. 또한 그 부자가 자기 영혼에게도 "마음 놓고 먹고 마시고 즐겨라."고 중얼거리지만, 예수는 "어리석은 사람아, 오늘밤에 네 영혼을 네게서 도로 찾을 것이다. 그러면 네가 장만한 것들이 누구의 것이 되겠느냐?"(누가복음 12:20)라고 단호하게 말합니다.

그리고 예수는 어느 날 유대교 바리새파 사람의 초대를 받아 식사를 하게 됩니다. 그런데 그 사람이 예수가 식사 전에 손을 씻지 않는 것을 보고 놀라움을 표시합니다. 그러자 예수는 그에게 "너희 바리새파 사람들은 잔과 접시의 겉은 깨끗하게 하지만 속은 탐욕과 악으로 가득 차 있다. 어리석은 사람들아, 겉을 만드신 분이 속도 만드시지 않았느냐? 너희가 가진 것을 가난한 사람들에게 주어라. 그러면 모든 것이 너희에게 깨끗해질 것이다."(누가복음 11:39~41)라고 꾸짖습니다. 이어서 불행이 닥칠 것이라고 경고합니다. 예수가 강하게 질타하는 것을 본 율법학자는 "선생님, 이렇게 말씀하시니 우리까지 모욕하는 것이 아닙니까?"라고 항의를 합니다. 그러자 그들에게도 "너희는 지기 어려운 짐을 사람들에게 지우고 너희 자신은 손끝 하나 까딱하려 하지 않는다."고 말합니다. 예수의 이러한 이야기를 통해 당시 유대교 지도자들이 얼마나 자기 지위를 이용해 온갖 탐욕에 젖어 있었던가를 확인할 수 있습니다.

붓다는 인간의 탐욕 문제를 가장 크게 생각했던 성인입니다. 그가 29세 때 처자와 왕자의 지위 등 모든 것을 버리고 출가한 것도 인간을 불행으로 이끄는 탐욕 문제를 근본적으로 해결하기 위함이었습니다. 그래서 고된 수행의 과정을 거쳐 생사의 괴로움에서 벗어나 열반에 이르게 됩니다. 이렇게 붓다는 모든 존재가 겪는 고통의 실상을 올바로 보고 그 해결책으로 제시한 것이 모든 욕심을 내려놓으라는 것이었습니다. 붓다는 《법구경》에서 "욕망으로부터 걱정이 생기고, 욕망으로부터 두려움이 생긴다. 욕망이 없으면 걱정이 없나니, 또 어디에 두려움이 있을 것인가?"라고 말합니다.

그래서 붓다는 애욕의 불이 꺼진 상태인 해탈에 이르렀고, 진정한 마음의 평화를 누릴 수 있게 됩니다. 그 누구든지 스스로 수행을 통해 깨닫고 해탈한다면 곧바로 붓다가 된다고 설파했습니다. 따라서 우리는 붓다처럼 강렬히 마음을 집중함으로써 법(法:dharma), 즉 모든 존재를 일관하는 보편적 진리를 깨달아야 합니다. 이렇듯 참된 진리를 깨닫고 해탈을 완성하는 것은 각자의 몫이라고 말합니다. 그래서 '참나(眞我)'를 찾아야 한다는 것입니다. '참나' 속에는 걸림 없는 대자유가 있고, '참나' 속에는 참된 평화가 있고, '참나' 속에는 변치 않는 정의가 있고, '참나' 속에는 밝은 지혜가 있고, '참나' 속에는 영원한 행복이 있기 때문입니다.

그리고 불교에서는 모든 인간이 탐·진·치(貪瞋痴) 삼독(三毒)으로 인해 고통에 빠진다고 강조합니다. 이는 지나치게 대상을 탐닉하는 탐욕, 그러한 탐욕이 채워지지 않으면 생기는 분노, 그리고 탐욕과 분노의 밑바닥에 깔려 있는 무지함을 이르는 것입니다. 불교에서는 삼독을 없애기 위한 수행으로 팔정도(八正道), 즉 바른 견해(正見)·바른 생각(正思惟)·바른 말(正語)·바른 행동(正業)·바른 생활(正命)·바른 노력(正勤)·바른 인식(正念)·바른 정신(正定)을 들고 있습니다.

공자의 사상은 《논어》 안연편에 소개된 '극기복례(克己復禮)'라는 말에 함축돼 있습니다. 이는 자기의 욕망을 이겨내고 사회적 법칙인 예(禮)를 따라야 한다는 것을 의미합니다. 제자 안연이 인(仁)에 대해 묻자 공자는 "자기를 극복하고 예로 돌아가는 것이 인이다(克己復禮爲仁)."라고 말합니다. 그리고 공자는 예가 아니면 보지도 말고, 듣지도 말고, 말하지도 말고, 행동하지도 말아야 한다고 덧붙였습니다.

공자는 《논어》 계시편에서 "군자에게는 세 가지의 경계할 일이 있다. 젊을 때는 혈기가 안정되지 않으므로 정욕을 경계해야 한다. 장년이 되어서는 혈기가 막 왕성해지므로 다툼을 경계해야 한다. 노년이 되어서는 혈기가 이미 쇠약해졌으므로 탐욕을 경계해야 한다(君子有三戒: 少之時, 血氣未定, 戒之在色; 及其壯也, 血氣方剛, 戒之在鬪; 及其老也, 血氣旣衰, 戒之在得)."라고 말합니다. 이처럼 욕심은 올바르고 정당한 것이라면 자신의 삶을 발전시키게 되지만 지나치면 불행의 씨앗이 될 수 있다는 것입니다.

나눔과 비움의 공동체 비전

우리 인간은 자신이 원하는 것은 무엇이든 성취하고자 합니다. 그러한 과정에서 남에게 피해를 줬고, 갈등과 분쟁도 겪었습니다. 요즘은 무한경쟁의 자본주의 사회이다 보니 남을 의식하지 않은 채 자기 능력껏 재산을 늘리고, 높은 자리에 올라 권력을 누리면서 살아갈 수 있습니다. 여기다가 돈이면 모든 것을 얻을 수 있는 사회체제이다 보니 부정부패가 만연합니다. 결국 자본주의는 독점의 횡포와 빈부 격차, 실업, 부정부패 등의 사회적 모순을 초래했습니다.

제1차 세계대전 후 미국은 해마다 엄청난 무역 흑자를 올려 세계 최고의 경제력을 자랑했지만 1929년 10월 24일 목요일 아침, 뉴욕 월스트리트 증권거래소의 주가가 최악의 수준으로 폭락하면서 삽시간에 난장판이 됩니다. '검은 목요일'로 불리게 된 이날의 주가 폭락은 제1차 세계대전의 그늘을 걷고 장밋빛 미래를 노래하던 세계를 순식간에 혼돈으로 몰아넣었고, 기업과 은행이 연달아 무너졌습니다. 대공황은 이른바 수정자본주의, '뉴딜 정책'과

같이 정부의 강력한 개입 정책에 의해 극복되면서 정부의 시장 개입은 자본주의 경제의 거역할 수 없는 원리로 확고히 자리를 잡았습니다.

그러나 1980년대에 들어서면서 미국의 레이건 대통령과 영국의 대처 총리는 세계경제의 주류를 신자유주의로 전환하게 됩니다. 신자유주의의 핵심은 시장의 자유를 극대화하고 시장을 견제·보완할 정부 역할을 축소하는 것에 있습니다. 그런데 40년 가까이 세계를 지배해온 신자유주의는 오늘날 서구 민주주의의 사회적 기초가 위태롭다고 할 정도로 소득 불평등 심화와 양극화를 불러왔습니다.

특히 복지정책의 후퇴로 소외된 계층들의 불만이 누적됐습니다. 유럽에서 극우 정당이 득세하고 미국의 트럼프식 포퓰리즘이 호응을 얻는 저변에는 이런 구조적 원인이 깔려 있습니다. 마치 1920~30년대 부(富)의 양극화가 극에 달한 자유방임적 자유주의가 종말을 고할 무렵에 유럽에서 전체주의가 득세한 것과도 상통합니다.

그런데 신종 코로나바이러스 감염증(코로나19) 사태는 산업혁명 이후 250년 동안 쌓아올린 현대문명이 얼마나 허약한가를 극명하게 보여주었습니다. 그것은 외적인 것, 즉 보이는 것에만 집중했던 우리 인간의 습관이 얼마나 잘못된 것인가를 드러낸 셈입니다. 우리가 관심을 갖지 않았던 문명의 이면, 이를테면 자연생태계의 부분별한 개발에 대해 비가시적인 분야에서 반격하고 있는 것입니다. 마찬가지로 100년 전 스페인 독감으로 5억 명이 감염되고 5천만 명이 희생된 것처럼 앞으로 하찮게 보이는 바이러스 하나가 인류의 삶을 무너뜨릴 수 있다는 것을 코로나19 사태는 경고하고 있습니다.

이번에 우리는 자동차, 항공, 에너지 등 전통 산업의 해고 대란과 파산, 그리고 원격의료서비스, 화상회의, 클라우드, 스트리밍 산업 등의 활황으로 세계 경제질서의 급격한 재편과 구조조정 등을 목격했습니다. 특히 미국의 아마존과 중국의 알리바바 등 온라인 유통·게임·교육기업이 크게 부상하고 있습니다. 온라인으로 음식을 주문·배달하는 사례도 크게 늘어나 서민들의 생계수단이었던 식당업 역시 큰 변화를 겪고 있습니다. 결국 코로나19 사태는 온라인 유통과 오프라인 유통의 경쟁관계를 온라인의 완연한 우위로 기울게 했고, 이번 사태가 끝난 뒤에도 오프라인 소매점을 찾는 사람이 크게 줄어들 가능성이 커지고 있습니다.

우리는 보이지 않는 바이러스 하나 때문에 생산과 유통, 소비의 분업 네트워크가 여지없이 무너지는 것을 보면서 자본주의가 얼마나 취약한 구조를 가지고 있는가를 확인하게 됐습니다. 앞으로 각 나라마다 제4차 산업혁명 시대를 맞아 인공지능(AI)을 기반으로 한 자동화로 인해 나타날 대량실업과 갖가지 불평등 현상을 해결할 과제를 안고 있습니다. 특히 이번 코로나19 사태를 거치면서 정부와 지자체가 나서서 긴급재난지원금을 지급했듯이 앞으로 기술과 자원이 극소수에게 집중되면서 양극화와 불평등이 더욱 심화할 경우 생활 형편이 어려운 사람들을 위한 생계대책을 서두르지 않으면 안 될 상황이 도래하게 될 것입니다.

세계적 역사학자 유발 하라리 이스라엘 히브리대 교수는 영국 파이낸셜타임스에 기고한 글에서 "폭풍은 지나갈 것이고 인류는 살아남을 테지만 그러나 우리는 다른 세상에 살 것이다."라고 말했습니다. 중세 봉건제도가 14세기 페스트를 계기로 막을 내렸듯이 세계는 코로나19 사태로 인해 초불확실성 시대를 맞이하고 있습니다.

마이크로소프트(MS) 창업자인 빌 게이츠 '빌&멀린다 게이츠 재단' 이사장은 전 세계 주요국 언론매체에 배포한 특별기고문을 통해 "인류는 단순히 공통 가치와 사회적 유대감으로만 이어진 것이 아니다. 우리는 생물학적으로도 서로 밀접하게 연결되어 있다. 아주 미세한 세균이 한 사람의 건강을 해치면 이는 인류 모두의 건강에 위협이 된다. 미증유의 팬데믹 상황 속에서 세계 인류는 운명공동체를 이루고 있다. 따라서 우리의 대응 또한 그에 맞춰야 할 것이다."라고 말했습니다.

지금 우리에게 당장 필요한 것은 인류가 생존의 경쟁이 아니라 공존과 상생의 연대로 가야 한다는 것입니다. 다시 말하면 성인들이 가르쳐온 것처럼 소유보다는 서로간의 공유와 베풂이 자리를 잡아야 합니다. 그렇게 될 때 자본주의의 폐해를 바로잡을 수 있고 인류역사에서 지속돼온 온갖 갈등과 분쟁도 마무리할 수 있기 때문입니다.

이제 공동체 의식의 확산과 자본주의 경제체제의 제도적 보완을 통해 누구나 차별없이 행복하게 살아갈 수 있는 세상을 만들어야 합니다. 여기서 공동체 의식은 인간뿐만 아니라 자연생태계에도 그대로 적용돼 공생·공영할 수 있어야 이번 코로나19 사태와 같은 집단감염증의 공포에서 벗어날 수 있습니다. 만일 이러한 공동체 의식이 자리잡지 못한다면 극소수층에 부가 집중되면서 발생할 대규모 폭동과 같은 비상사태를 막아낼 수 없을 것입니다. 그래서 어차피 제4차 산업혁명 시대에 대비해 생산과 유통, 소비 등의 네트워크도 전면적 변화가 불가피하리라고 봅니다.

　이제는 각자가 욕망의 덫에서 벗어나야 합니다. 사도 바울이 "욕심이 잉태하면 죄를 낳고, 죄가 자라면 죽음을 낳습니다."(야고보서 1:15)라고 지적한 것처럼 탐욕은 우리를 파멸로 이끌 수 있기 때문입니다. 앞으로 인류가 차별없이 행복하게 살아가기 위해서는 나눔과 비움, 베풂의 공동체 실현은 불가피한 선택이 될 수밖에 없습니다. 그것이 성인들이 줄기차게 실현하고자 했던 이상공동체이며, 모든 종교가 이루고자 한 꿈이었습니다. 이제 우리 모두가 예수가 강조한 것처럼 "네 이웃을 네 몸같이 사랑하여라."(마가복음 12:31)는 계명을 지킬 때만이 이러한 인류의 소망은 실현될 수 있을 것입니다.

전환기의 철학은 무엇인가

현대사회의 특징으로 개인주의화와 다양화를 들 수 있습니다. 각자의 개성과 자유가 존중되기 때문에 다양한 의견이 나오게 됩니다. 그러다 보니 현대사회를 이끌어 나갈 하나의 철학이 존재하기가 어렵습니다. 그야말로 여러 형태의 견해가 난립하는 가치관의 혼돈시대라고 말할 수 있습니다. 여기다가 현대의 철학들이 유럽 중심에서 탈피해 다양성을 갖게 되면서 복잡한 현대사회의 문제들을 해결할 수 있는 체계를 잡아가는 것 역시 쉽지 않게 된 것입니다.

현대철학은 이미 19세기 중엽의 헤겔 철학에 대한 반동에서 시작돼 서서히 자리를 잡게 되지만, 자연과학의 발달과 함께 제1, 2차 세계대전을 거치면서 철학적 논의의 대상이 인간문제와 사회문제로 집중되고, 이와 동시에 산업화 과정에서 일어난 현대사회 부조리를 극복하는 데 철학적 관심이 모아지게 됩니다. 그러나 현대사회는 가치관의 부재로 인해 전례없는 위기상황에 처해 있지만 이러한 혼란상을 수습해온 철학마저도 인간에게 이렇다 할 지침을 주지 못하고 있습니다.

철학의 위기와 빈곤

현대철학이 안고 있는 가장 큰 문제는 인간성의 상실을 들 수 있습니다. 그러나 철학이 이에 대한 대답을 제대로 하지 못하는 사이에 물질문명에 의한 비인간화는 가속화하고 있습니다. 이제 조지 오웰의 소설에 등장하는 빅 브라더와 같은 존재가 단순한 가상이 아닌 현실이 될 수 있다는 것입니다. 요즘 우리 인간이 과연 무엇을 위해 살고 있는가 하는 것을 되묻지 않을 수 없게 된 것입니다.

제2차 세계대전 이후 세계는 미국 중심의 민주세계와 소비에트연방 중심의 공산세계가 극한 대립을 하면서 냉전시대에 들어가게 됩니다. 그러나 1991년에 소련이 해체하면서 마르크스주의는 급격히 퇴조하게 됩니다. 우리는 70여년 동안 마르크스 철학이 자체의 모순이 없는 것은 아니지만 독재자들에게 이용당하면서 흉물로 전락한 것을 보아왔습니다. 이렇듯 아무리 그럴듯한 철학도 탐욕에 찌든 개인들에 의해 변질되는 과정을 보면서 과연 이 시대를 이끌 수 있는 철학이 나올 수 있겠느냐 하는 우려를 갖게 됩니다.

마르크스가 1848년에 쓴 '공산당 선언'은 "지금까지의 모든 사회의 역사는 계급투쟁의 역사다."로 시작하여 "노동자들이 잃을 것은 사슬이요 얻을 것은 세계다. 만국의 노동자들이여 단결하라!"고 마무리합니다. '공산당 선언'은 인류를 주인과 노예, 착취자와 피착취자로 분류합니다. 그런데 마르크스가 활동한 시기는 산업혁명을 시작한 지 100여년밖에 되지 않았고, 전기나 철도, 자동차마저 생산되지 않던 초창기이다 보니 앞을 내다보는 데는 한계가 있었습니다. 노동조합이나 복지국가 개념도 자리잡기 전이었습니다.

'공산당 선언'을 발표한 다음날 프랑스 파리에서 2월 혁명이 일어나고 이탈리아의 나폴리 밀라노 로마, 독일의 베를린, 오스트리아 빈, 헝가리 부다페스트에서도 혁명의 불길이 타올랐기 때문에 마르크스는 곧 혁명이 사회를 전복해 프롤레타리아 독재국가가 우후죽순으로 탄생할 것으로 기대했습니다. 그러나 혁명은 실패했고, 세상은 다시 조용해졌습니다. 그리고 독일과 프랑스, 벨기에에서 잇따라 추방된 마르크스는 1849년 8월 24일 런던으로 망명하여 1883년 3월 14일 죽을 때까지 그곳에서 살게 됩니다. 영국에서도 알아주는 사람이 없다 보니 미국 잡지에 원고를 써서 어렵게 생계를 이어갔습니다. 결국 3명의 자녀도 제대로 먹지 못해 죽게 됩니다.

마르크스는 극한 빈곤 속에서도 1867년 《자본론》 1권을 펴냈습니다. 그는 이 책에서 "부르주아지는 결국 망하고 프롤레타리아 혁명적 독재를 통해 공산주의가 도래한다. 그러면 완전한 공동체가 실현되고 주인과 노예, 부자와 빈자도 없는 세상이 온다."고 적고 있습니다. 그런데 뜻밖에도 《자본론》은 1917년 레닌의 볼셰비키 혁명의 발발로 러시아에서 큰 반향을 일으키게 되지만, 장기간에 걸친 독재체제의 후유증으로 소비에트연방이 무너지면서 이론과 실제가 다른 마르크스 철학의 모순성이 다시 한 번 입증되고 맙니다.

그런데 이미 공산주의 실험은 수많은 생명을 앗아가고, 지구촌을 황폐화했음에도 우리 사회 일각에서는 마르크스주의에 대한 향수에 젖어 있는 사람이 많습니다. 여기서 우리는 철학이나 이념이 우리 인간을 얼마나 편향되게 이끌게 되는지를 보게 됩니다. 이런 점에서는 종교도 마찬가지입니다. 1987년 경기도 용인시 남사면의 오대양(주) 구내식당 천장에서 종말론을 주장하는 오대양 종교집단의 신도 32구의 시체가 발견된 사건을 통해 빗나간 종교집단의 폐해가 얼마나 무서운지 확인하게 됩니다.

철학은 본래 인류가 지향해야 할 목표와 방향을 설정하는 나침반 역할을 맡아 왔지만 현대사회는 시대흐름을 이끌 수 있는 새로운 철학이 나오지 못하고 있습니다. 그런데 지금은 나침반 역할을 철학이 아니라 과학이 대신하고 있다고 할 만큼 철학이 없어도 살아가는 데 불편함이 없어 보입니다. 그러나 그것은 우리 인간과 사회를 이끌고 가는 정신적 버팀목이 사라지고 있다는 것을 말합니다. 그래서 언젠가는 인간사회가 뿌리째 흔들릴 가능성이 크다고 주장하는 사람이 많습니다.

특히 우리는 자연생태계가 무너지면서 오는 위기를 심각하게 받아들여야 합니다. 자연생태계의 훼손으로 동물과 사람 간에 집단감염이 일어나게 됩니다. 세계보건기구(WHO)는 '2018년 연구개발 청사진 보고서'에 에볼라 바이러스, 사스(SARS·중증급성호흡기증후군), 지카 바이러스 등 8가지 전염병과 함께 연구 개발을 가속화해야 하는 9번째 질병으로 '질병명 X'의 이름을 올렸습니다. '질병명 X'는 아직 발현돼 존재가 확인되거나 현존하지는 않지만, 앞으로 수많은 인명을 사망에 이르게 하는 국제적 유행병을 말합니다. 코로나19 역시 그간 국제사회가 경고해온 '질병명 X'로 볼 수 있다는 것입니다. 현재 지구 평균기온이 상승하면 바이러스도 확산하기 쉽기 때문에 기후 변화가 감염병 확산에 유리한 조건을 만들고 있습니다.

지금 우리가 아무리 행복하게 살아가고자 하더라도 이러한 질병이 지구촌을 휩쓸 경우 결코 행복해질 수는 없습니다. 그런 점에서 다 함께 행복을 누리면서 안전하게 살아갈 수 있는 환경을 만들기 위해 철학이 기여할 수 있는 부분을 찾아야 합니다. 요즘처럼 철학이 빈곤한 시대는 지나치게 물질주의에 빠져들면서 반정신적·반지성적 경향을 보이게 됩니다. 그러면서 즉흥적이고 충동적이며, 경박하고 배타적으로 흐르게 됩니다. 더구나 현대인들 가운데 상당수는 자기 생각이라고 내세우는 것이 사실은 자기 본래의 생각이 아니라 주어진 환경에서 만들어진 수동적 생각이라는 것을 인지하지 못하고 있습니다. 그래서 근본은 놓치고 지엽적인 것만 추구할 수밖에 없습니다.

현대인을 이끌어 나갈 철학은 없나

오늘날 우리가 전환기의 위기를 극복하기 위해서는 가치관의 문제를 집중적으로 살펴보면서 어떠한 가치관으로 무장해야 하는가를 생각해야 합니다. 현대 서구사회는 마르크스의 변증법적 유물론과 다윈의 진화론, 그리고 콩트의 실증주의의 영향을 많이 받았습니다. 이러한 사상들은 하나같이 정신적 가치보다 물질적 가치를 우위에 두는 유물론이 그 배경이 되고 있습니다.

그동안 서구문명의 근간은 기독교였지만 지금 가치관이 전도되고, 삶의 의미가 왜곡된 이유는 신과 인간의 관계가 붕괴됐기 때문입니다. 여기다가 오래전부터 기독교를 중심으로 발달해온 서구문명이 무신론적 시대사조와 부딪치면서 급기야 그 한계가 드러나기 시작했습니다. 이제 서구문명이 세계문명을 주도하고 이끌어가기에는 이미 힘에 부치고 노쇠해 버린 것입니다.

만일 우리가 인간을 가치의 척도로 삼게 될 경우 모든 가치는 철저하게 상대화될 수밖에 없습니다. 요즘 인간사회에서 보듯이 황금만능주의에 휩쓸려 세속적 욕구가 가치 판단의 기준이 될 수밖에 없다는 것입니다. 그러다 보면 모든 것을 자기중심적으로 판단하고 극단적 사고로 흐르게 되면서 사회적 갈등을 양산하게 됩니다. 즉 모든 문제를 선이 아니면 악이라는 방식으로 보는 이분법적 사고와 자신 편은 무조건 옳고, 다른 조직은 무조건적으로 배척하는 진영논리가 지배하는 것입니다. 그래서 철학의 빈곤 문제를 해결하기 위해서는 새로운 가치관을 세워 나가야 합니다.

　　현대 인류에게 필요한 가치관은 우선 도덕성을 기초로 해야 합니다. 그것은 인류가 추구하는 문명의 성장과 발전이 기술적 진보나 물량주의에 의해 환산되기보다는 도덕성의 척도에 의해서 가려져야 하기 때문입니다. 고대 그리스시대에 부패한 아테네 민주주의에 기생하면서 만연했던 소피스트의 상대주의와 회의주의 철학에 철퇴를 가했던 것이 소크라테스의 도덕철학이었다는 점을 알아야 합니다. 그런 점에서 오늘날 우리에게 필요한 사상은 도덕적 설득력을 갖고 시대적인 양심을 대변할 수 있어야 합니다.

　　그리고 현대인에게 필요한 가치관은 동서양의 문명을 함께 공유하면서 창조적 힘을 발휘할 수 있는 사상이어야 합니다. 다시 말하면 서구의 물질문명과 동양의 정신문명을 조화시킬 수 있는 가치관이어야 한다는 것입니다. 또한 서구의 분석적·논리적 사고를 기초로 한 기술문화와 동양의 종합적 사고를 기초로 한 윤리적 문화를 조화시킬 수 있어야 합니다.

　　특히 현대사회를 위기로 몰아넣고 있는 것이 성에 대한 가치관입니다. 요즘 우리 사회도 서구의 성 개방론이나 성 자유론이 휩쓸면서 가정이 붕괴되고 있습니다. 산업발달로 인한 경제적 풍요가 정신적 안락함을 가져다주는 대신 쾌락주의적 가치관을 더욱 조장하고 있는 와중에 많은 청소년이 가치관의 혼돈을 겪게 되고 상품화된 성문화에 노출되고 있습니다. 가정의 행복은 부부 사이의 순결한 사랑의 규범이 지켜질 때에만 보장되고, 참된 가정이 자리잡게 될 때 평화로운 세상이 찾아오게 됩니다.

우리 인류에게 가장 위협적인 것은 무분별한 개발과 자연 생태계 파괴에 따른 기후변화입니다. 현대문명은 인간중심적 가치관을 갖고 자연을 정복의 대상으로 삼았습니다. 그러나 인간과 자연을 분리해서 인식하지 않고 유기적이고 총체적으로 이해할 때에만 인간과 만물이 통일체를 이룬 진정한 이상세계를 구현해 나갈 수 있습니다. 유기체를 구성하고 있는 세포들의 모임이 상호 의존적이듯이 지구상의 동식물은 물론 우주 전체도 인간을 중심으로 상호 유기적 관계를 지니며 연계돼 있다는 점을 간과해서는 안 된다는 것입니다. 인체의 세포 하나에서의 아픔이 몸 전체에 고통을 주듯이 인간과 우주만물은 상호 관련돼 있기 때문에 인간이 만물을 이용과 착취의 대상으로 대할 것이 아니라 사랑으로 보호하고 관리해야 합니다.

그 다음에는 시대흐름을 주도할 수 있는 가치관은 현대문명에서 상실된 신을 재발견하고 신 중심의 절대가치를 기반으로 한 사상이어야 합니다. 기독교가 떠받쳐온 서구문명은 인간의 이성을 지나치게 강조한 나머지 신을 퇴위시키고 그 자리에 인본주의 철학을 대치시키거나, 심지어 무신론과 유물론을 확산시키는 배경이 돼 왔습니다. 인간들은 신으로부터 해방을 쟁취하겠다고 나섰고, 자연을 정복하면서 생태계를 파괴하고 생존의 근거마저 잃어버렸습니다. 그러나 신을 떠난 자유는 진정한 자유일 수 없습니다. 신을 중심한 절대적 가치체계, 즉 신과 인간, 자연의 조화로운 질서를 다시 찾아 세우는 일은 가치관 부재 시대의 최대 과제가 아닐 수 없습니다.

오늘날 대혼란을 이야기하는 것은 전통적 가치관의 붕괴 때문입니다. 이와 같은 가치관의 붕괴 원인은 우선 신 중심의 절대가치관에서 인간 중심의 상대적 가치관으로 바뀌고, 유물론이나 무신론, 특히 공산주의 이론의 침투에 의해 가치관이 파괴됐기 때문입니다. 따라서 새로운 가치관의 정립을 통해 신과 인간, 우주만물의 질서를 회복해야 합니다. 그리고 인류의 진정한 평화가 정착되기 위해서는 종교나 민족, 문화, 사상 등의 차이를 극복할 수 있는 절대적 가치 평가기준이 세워져야 합니다. 그동안 인류는 종교를 통해 이러한 절대적 기준을 찾고자 했습니다. 즉 모든 인류가 신의 절대적 사랑을 체험하고, 절대적 진리인 우주를 지배하고 있는 영원불변한 법칙을 깨달을 때 비로소 가치관의 통일이 가능해지게 된다고 본 것입니다.

인간은 그동안 종교를 통해 신을 찾았고, 신을 통해 삶의 문제를 해결하고자 했습니다. 이렇듯 절대적 가치의 기준은 인간보다는 신 중심의 보다 근원적 세계로 이끌 수 있고, 현대인들이 앓고 있는 가치 상실의 아픔을 치유할 수 있는 근본적 방안이 돼야 할 것입니다. 그런데 그것은 결코 추상적인 것이 아니라 가장 현실적 방법일 수 있다는 점에서 모두 관심을 가져야 할 사안이 아닐 수 없습니다. 지금은 특정 종교나 이데올로기가 아니라 누구나 공감하고 환호할 수 있는 철학이 절실한 때입니다.

2장

이념의 굴레

공산주의의 몰락으로 본 이념의 한계

이념(理念)은 어떤 것을 이상적으로 여기는 생각이나 견해를 의미하는 것이지만, 때로는 추구하는 가치와 준수할 규범을 말하기도 합니다. 그런데 한국의 정치권에서는 아직도 이념 논쟁이 수그러들 기미를 보이지 않고 있습니다. 특히 문재인 정부가 집권하면서 이념 갈등은 극에 달하고 있습니다.

현 정부는 그동안 이념과 진영논리로 국가를 경영해왔습니다. 그리고 집권 이후 짧은 기간에 이른바 1980년대 운동권 세력들이 청와대와 정부, 국회, 심지어 사법부까지 장악했습니다. 특히 참여연대와 민주사회를 위한 변호사 모임(민변)을 비롯한 진보 세력들이 사실상 주요 요직을 차지했으며, 주요 방송 등 언론계 역시 그들의 수중에 들어가 있습니다. 그러다 보니 온 나라가 보수와 진보로 갈라져 극심한 이념 대립 양상을 보이고 있습니다.

공산주의는 왜 몰락했나

세계 최초로 사회주의 혁명을 성공시킨 이후 노동자와 농민을 위한 국가를

세우겠다고 장담한 소비에트연방이 74년 만에 해체되고 말았습니다. 고르바
초프 대통령의 페레스트로이카 정책에 반발하는 소련 보수파의 쿠데타 미수
사건을 계기로 1991년 12월 8일 발트 3국의 독립이 승인되면서 소비에트연
방이 막을 내렸습니다. 이날 보리스 옐친 러시아공화국 대통령과 크라프추크
우크라이나공화국 대통령, 슈시케비치 벨로루시 최고회의 의장 등 3명은 '독
립국가공동체(CIS)'의 창립을 선언했습니다. 그 후 나머지 8개 공화국이 속
속 공동체에 가입하겠다는 의사를 밝히면서 소비에트연방은 결국 해체가 된
것입니다.

그렇다면 19세기 세계 3분의 1에 이르는 나라가 공산주의 블럭에 편입될
만큼 역사상 가장 매혹적인 이념이 이렇게 도미노처럼 무너진 이유는 어디에
있을까요? 공산주의가 가장 인간다운 세상을 표방했지만 독재체제로 추락했
던 것은 그 이념이 제대로 실천하기 어려운 약점을 지니고 있었기 때문입니
다. 그것은 공산주의 이념 자체와 지도자, 역사적 상황 등 여러 문제가 있었
다고 볼 수 있습니다.

그 가운데서도 공산주의를 체계화한 마르크스의 이론에 내재된 종교적 요
소가 문제의 씨앗이라고 볼 수 있습니다. 당시 공산주의자들은 카를 마르크
스와 프리드리히 엥겔스가 '공산당 선언' 서두에서 "하나의 유령, 즉 공산주
의라는 유령이 유럽을 배회하고 있다. 옛 유럽의 모든 세력들, 즉 교황과 차
르, 메테르니히와 기조, 프랑스 급진파와 독일 경찰이 이 유령을 사냥하기 위
해 신성동맹을 맺었다."라고 밝힌 것같이 기득권 세력의 반대를 뚫고 마치 기
독교의 천년왕국 사상처럼 프롤레타리아 혁명에 의해 완벽한 사회가 만들어

질 것이라고 확신한 것이 그 첫 번째 사례로 꼽을 수 있습니다. 그러다 보니 마르크스는 당시 '근대성에 대한 유일한 과학적 분석가'로서 신(神)처럼 대접받기도 했습니다. 이 때문에 마르크스 이론을 해석하는 과정에서 끝없는 정통성 논쟁과 내부 숙청이 벌어졌습니다.

그리고 공산주의 지도자들은 기득권층의 혁명을 위해 선택받은 존재로 민중 앞에 스스로 군림하면서 독재체제를 강화했습니다. 그렇게 힘이 실린 지도자들의 공산주의에 대한 왜곡된 해석이 특히 문제였습니다. 1917년 10월 러시아 볼셰비키 혁명을 이끌었던 레닌은 마르크스 이론에서 폭력과 독재만을 선별적으로 채택했습니다. 즉 마르크스와 엥겔스는 공산주의 혁명의 과정에서 과도기적으로 프롤레타리아트 독재가 불가피하다고 했지만, 레닌은 공산주의 혁명을 통해 프롤레타리아 독재국가를 세우면서 권력 집중으로 인한 권위주의나 관료주의와 같은 병폐 때문에 결국 공산체제의 붕괴를 불러오게 된 것입니다.

레닌은 제헌의회를 무력으로 해산하고 의회(두마) 내에서 가장 큰 세력이었던 입헌민주당을 불법화한 데 이어 간부들을 '인민의 적'으로 몰아 체포했습니다. 볼셰비키 혁명이 일어난 지 사흘 만에 혁명에 적대적이었던 모든 신문이 문을 닫았습니다. 소련의 작가 솔제니친은 "러시아 혁명 이전 80년 동안 연간 약 17명이 처형됐다고 한다. 스페인의 종교재판소는 그 절정기에 매달 10명 정도 처형했다. 반면 1918~19년에는 2천 명 이상이 처형됐다."고 고발한 바 있습니다.

그런데 1924년 1월 레닌이 세상을 떠나고 이오시프 스탈린이 집권한 뒤

혁명을 위해 평생을 바쳤던 '올드 볼셰비키'들이 '인민의 적'으로 몰려 죽어 갔습니다. 솔제니친은 "스탈린의 대숙청이 절정에 달했던 1937~38년에 매달 4만 명 이상이 처형됐다."고 밝혔습니다. 그리고 스탈린이 1928년부터 추진한 농업집단화 과정에서 1천만 명에 가까운 사람들이 처형되거나 굶어 죽고, 강제노동수용소에서 최후를 마감했습니다.

프랑스국립학술연구센터(CNRS)의 스테판 쿠르투아 등이 1997년 펴낸 《공산주의 흑서》에 따르면 볼셰비키 혁명 이후 공산주의의 폭력이나 정책 실패로 인한 기아 등으로 1억 명이 사망했습니다. 구소련 2천만 명, 마오쩌둥(毛澤東) 치하의 중국 6천500만 명, 베트남 100만 명, 폴 포트 정권하의 캄보디아 200만 명, 동구 공산정권 하에서 100만 명, 아프리카에서 1천500만 명, 그리고 북한에서 200만 명 등이 죽어갔습니다. 북한의 경우 1990년대 후반 '고난의 행군' 시기에 아사(餓死)한 300만 명은 포함되지 않았습니다.

물론 자본주의 사회도 한계가 없는 것은 아닙니다. 영국이 1770년대 산업혁명에 의해 세계에서 제일 먼저 산업사회로 진입한 이후 미국을 비롯한 자본주의 국가는 빈부격차, 노사갈등 등 각종 문제에 시달리고 있습니다. 1997~98년과 2008년 두 차례의 글로벌 금융위기에서 보여준 것처럼 자본주의 사회는 앞으로 금융 시스템을 잘 보강한다고 해도 활기찬 자본주의 사회가 자리를 잡는 것은 쉽지 않을 것입니다. 특히 자본주의는 상업자본주의→산업자본주의→독점자본주의→금융자본주의로 이어지는 4단계의 라이프 사이클을 가진 생명체와 같다는 점에서 마지막 단계에 접어들었다고 볼 수 있습니다. 따라서 지금은 자본주의 이후의 새로운 시대를 맞이할 채비를 착실하게 하는 것이야말로 인류가 안고 있는 현안들을 해결하는 지름길이 아닐 수 없습니다.

이념 대립의 폐해 놓고 서로 떠넘기기

국내 정치권은 근래 들어와 보수와 진보로 갈려 힘의 대결을 펼치면서 극단의 광장 대결 정치를 보여주었습니다. 양대 세력은 대화와 타협보다는 수적 우위를 내세운 밀어붙이기를 통해 끝없는 갈등 양상을 노출했습니다. 선거법 개정안과 고위공직자범죄수사처(공수처) 설치법 등을 둘러싸고 끼리끼리 뭉쳐 힘겨루기를 계속했습니다. 그러다 보니 국민의 성향도 이념 대립의 굴레에서 벗어날 수 없었습니다.

문재인 정부가 이념정치에 휘둘리고 있는 사례는 수없이 많습니다. 특히 경제문제를 과잉 이념화하고 과잉 정치화했다는 점입니다. 그 대표적 사례로 급속한 소득주도성장 정책이나 경직된 주 52시간 근무제 도입, 최저임금 인상, 노조의 과도한 경영 개입, 탈원전 정책 등을 들 수 있습니다. 현 정부는 기본적으로 경제를 바라보는 시각이 이전과는 크게 다릅니다. 노동과 자본, 가계와 기업을 대립관계로 인식하면서 시장경제를 도외시하고 사회적 약자에 대한 과도한 집착을 보여주고 있습니다. 이처럼 급진적 경제정책이 경기 하강을 불러온 측면이 다분합니다.

한국 경제는 최근 한 번도 가보지 않은 길을 걷고 있습니다. 세계 경제는 이미 제4차 산업혁명이라는 거대한 변화의 물결 속에 패러다임을 송두리째 바꾸고 있습니다. 이러한 상황 속에서 한국 경제성장률은 2019년에 2퍼센트에 턱걸이했습니다. 세계 금융위기 때인 2009년(0.8퍼센트) 이후 10년 만에 가장 낮습니다. 당초 1퍼센트로 떨어질 것이라는 전망이 우세했지만 정부가 막판에 막대한 재정을 쏟아부은 덕에 2퍼센트를 간신히 유지했습니다.

여기다가 저출산·고령화에 따른 생산인력 감소와 청년실업 등 구조적 문제는 악화일로입니다. 친(親)노조 정책은 노동 약자들의 삶을 더 고단하게 만들었고, 기업들의 사기는 바닥에 떨어져 탈(脫)한국에 나서고 있습니다. 지금 한국 경제가 살아남기 위해서는 과감한 혁신이 필요한 때이지만 한국 경제는 포퓰리즘에서 벗어나지 못하고 있습니다.

문재인 정부는 그동안 '적폐청산'을 내세우며 지난 70년간 대한민국을 세우고 일궈온 세력 교체작업에 몰두했습니다. 그리고 혁명을 꿈꿔온 '주사파(主思派)'가 30년의 세월을 거치면서 어느덧 우리나라의 정치·사회·문화·언론·종교계 등 각계각층을 장악했습니다. 정부와 여당의 주요 인물 가운데 상당수는 주체사상을 신봉했던 전대협과 한총련 출신이거나 그들에게 동조하는 성향을 보여온 사람들입니다. 여기다가 친일 청산 문제까지 들고 나왔습니다. 70여년 전 광복 직후의 이념 갈등이 21세기 이 나라에서 재연된 것입니다. 과거를 현재로 소환했을 뿐만 아니라 아예 역사를 되돌리려는 시도도 있었습니다. 그러다 보니 현 정권은 내 편이냐, 네 편이냐에 따라 옳고 그름의 기준을 달리하면서 사회는 두 쪽이 나고 말았습니다.

법원도 양승태 전 대법원장 시기의 이른바 사법 농단과 재판 거래 의혹에 대한 재판을 통해 주류 교체가 이뤄졌습니다. 김명수 대법원장 취임 이후 진보 성향 법관 모임인 '우리법연구회' '국제인권법연구회' 등 특정 이념 성향의 판사들이 정치 세력화해 사법부 중추를 장악하고 있습니다. 여기다가 현 정권은 자신들에게 입맛에 맞지 않은 법이 있다면 언제라도 헌재로 넘겨 위헌 결정을 내릴 수 있는 근간을 마련했습니다.

이렇게 청와대와 행정부, 사법부까지 진보 성향의 인사들이 주축을 이루다 보니 우리 국민은 이념 갈등을 가장 크게 우려하는 것으로 나타났습니다. 문화체육관광부가 2019년 12월 8일 공개한 '2019년 한국인의 의식·가치관 조사' 결과에 따르면 우리 사회가 겪는 갈등 중 가장 심각한 문제로 진보와 보수 간 갈등을 꼽은 응답자가 전체의 91.8퍼센트에 이르렀습니다. 이어 정규직과 비정규직(85.3퍼센트), 대기업과 중소기업(81.1퍼센트), 부유층과 서민층(78.9퍼센트) 등의 순으로 갈등이 크다는 것이 우리 국민의 인식입니다. 이념 갈등은 직전 조사인 2016년만 해도 순위가 다섯 번째(77.3퍼센트)에 불과했으나 3년 사이 14.5퍼센트 포인트가 오르며 2019년에는 첫손가락에 꼽혔습니다.

현 정부도 이념 쏠림 현상에 대해 우려하고 있는 것은 마찬가지입니다. 문재인 대통령은 2019년 5월 13일 "세상은 크게 변하고 있지만 정치권이 과거에 머물러 있어서 매우 안타깝다."며 "촛불 이전의 모습과 이후의 모습이 달라진 것 같지 않다. 분단을 정치에 이용하는 낡은 이념의 잣대는 그만 버렸으면 한다."고 말했습니다. 이는 취임 2년을 맞아 열린 수석보좌관 회의에서 선거제 개정과 공수처 설치, 검경 수사권 조정 등 개혁법안에 대한 패스트트랙(신속처리안건) 이후 강대강으로 치닫는 여야 정치권을 겨냥한 것이었지만,

이념 문제를 앞세워 공격해온 야당에 대한 불편한 심기를 드러낸 것으로 보입니다.

물론 극단의 정치는 한국만이 아닙니다. 포퓰리스트 도널드 트럼프 대통령의 등장으로 미국이 두 개의 나라처럼 갈라졌습니다. 트럼프는 미국 전체 국민이 아니라 자신의 지지층을 겨냥한 정책을 쏟아내는 반쪽짜리 대통령으로 전락했습니다. 오히려 타협이 정치적 자살 행위가 될 수 있는 상황입니다. 미국 정치권에서 보여주고 있는 이념 양극화 현상은 공화당과 민주당 양당에 소속된 정치인들의 이념 성향이 과거에 비해 좌우 양극단으로 움직이고 있다는 것을 말합니다. 그러다 보니 두 정당 간의 의견 조정과 합의 도출에 필수적인 중간지대가 없다는 것입니다.

그런데 이렇게 양극화한 정당의 정보를 전달하는 매체 역시 과거에 비해 이념적으로 편향된 보도를 내보내고 있고, 유권자 역시 자신의 성향에 맞는 매체를 통해 정보를 습득하는 일이 일상화된 지 오래입니다. 그래서 중도 성향의 유권자 혹은 무당파 유권자 등 적지 않은 미국 유권자들이 기존 양대 정당에 대해 불만을 표출하고 있지만, 공화당과 민주당을 뛰어넘는 제3세력을 찾는다는 것은 쉽지 않다는 것입니다.

이렇듯 공산주의가 짧은 기간에 이념을 실체화하는 과정에서 내부의 모순 때문에 무너졌듯이 어느 사회나 편향된 이념으로 나라를 이끌게 될 경우 공산국가의 전철을 밟지 않을 수 없습니다. 그런 점에서 진보든 보수든 이념정치를 지양하고 국민 편에서 소통과 상생의 정신으로 나라를 이끌어가야 할 것입니다. 그것이 이념이 지향하는 본질이자 정치의 근본이기 때문입니다.

진보주의자들의 독선, 그리고 이중성

우리나라가 요즘처럼 두 동강이 난 것은 전례가 없는 일입니다. 오늘날 한국이 이처럼 분열된 것은 이념 편향성 때문입니다. 극우파와 극좌파들은 주말마다 광장에서 나라의 운명을 놓고 한판 대결을 펼쳤습니다. 진보 측은 대통령이 앞장서서 이끌고 있고, 보수 측은 더 이상 적폐몰이를 방치할 수 없다고 아우성이었습니다.

다시 말하면 진보 측은 일제강점기의 행적까지 들추면서 적폐청산 작업을 벌였고, 보수 측은 현 정권이 70년에 걸쳐 세운 나라를 통째로 거덜내고 있다고 목소리를 높였습니다.

그런데 편 가르기를 통해 자신은 선이고 상대방은 악으로 보는 이분법과 진영논리에 갇히게 될 때는 공멸할 수밖에 없습니다. 요즘 한국사회에서 벌어지고 있는 이념 갈등은 양측이 서로 양보하고 하나로 묶을 수 있는 제3의 길, 새로운 가치관이 없기 때문입니다.

386세대는 누구인가

한국의 현대사는 1948년 광복 이후 반세기 동안 자유와 민주주의를 향해 나아가는 과정에서 친일 잔재 청산, 냉전 이데올로기 갈등, 유신체제 등장과 민주화운동 등 질곡의 역사로 점철돼 왔습니다. 특히 박정희 대통령이 시해된 1979년 10·26사태 직후 불어온 '서울의 봄'은 1980년 전두환 보안사령관의 5·17 비상계엄 확대 조치로 새로운 전기를 맞게 됩니다.

즉 신군부는 5월 17일 자정을 기해 기습적으로 비상계엄을 전국으로 확대하면서 학생 지도자들에 대한 체포, 휴교령 등은 물론 김대중·김종필 등 유력 정치인과 재야인사 26명을 연행하면서 민주 세력에 대한 대대적인 탄압에 돌입한 것입니다. 그리고 1980년 5월 18일부터 27일까지 전남도민 및 광주 시민들이 계엄령 철폐와 전두환 퇴진 등을 요구하며 시위를 벌이자 계엄군을 파견, 시위를 강제로 진압합니다.

그러나 군부는 1983년 2월부터 단계적으로 국민 화합조치를 시행하면서 1983년 12월 해직 교수 복직과 제적생 복학이 단행된 데 이어 총학생회가 부활했고 전국적인 운동권 학생 조직이 결성됩니다. 1987년 초 박종철 열사 고문치사 사건과 같은 해 4·13 호헌조치는 폭발 직전의 민주화운동에 불을 댕기며 6·10항쟁으로 이어졌습니다. 결국 5공화국 정부는 대통령직선제 개헌을 골자로 한 6·29선언을 발표합니다. 그해 8월 역대 가장 강력한 대학생 전국 조직인 전국대학생대표자협의회(전대협)가 출범하면서 학생운동은 절정기를 맞았습니다.

당시 대학생들은 유신체제에 항거했던 1970년대 학번들에 비해 질과 양적인 측면에서 크게 발전합니다. 대학마다 지하 이념서클이 생겼고 리영희 전 한양대 교수가 베트남 전쟁, 중국의 문화대혁명, 일본 경제의 대두 등 당시 동아시아에서 벌어진 사건을 진보적 관점에서 분석한 《전환시대의 논리》와 지배계급에 맞서는 민중, 외세에 맞서는 민족의 관점에서 1945년부터 1953년까지의 국내외 역사를 부문별로 상세히 분석한 연구 모음집인 《해방전후사의 인식》, 마르크스의 대중화 시대를 연 김수행 전 서울대 교수의 《자본론》, 6·25전쟁에 대한 수정주의적 접근을 시도한 브루스 커밍스 시카고대 석좌교수의 《한국전쟁의 기원》 등을 읽으면서 사상 무장에 나섰습니다.

　386운동권은 NL(National Liberation, 민족해방) 계열과 PD(People's Democracy, 민중민주) 계열로 나눌 수 있습니다. 여기서 NL은 한국 사회의 모순이 남북 분단에서 비롯됐다고 보면서 민족 문제와 통일 투쟁에 중점을 두었고 친북 성향이 강합니다.

　특히 NL계열의 다수파는 북한의 주체사상을 신봉했다고 해서 '주사파'로 불렸습니다. 반면 PD 계열은 한국 사회 문제의 원인으로 자본주의 하에서의 노동·자본 간의 계급문제에 주목하면서 NL과 달리 북한 정권에 대해서도 일정한 거리를 두었습니다.

　그리고 1980년 광주민주화운동 이후 대학가에 몰아닥친 반미운동과 함께 태동한 NL은 구국학생연맹의 산하조직을 통해 북한의 주체사상을 전파하면서 1986년 지도부가 검거돼 와해됐지만 이후 이 조직 노선은 안희정 전 충남지사 등 고려대 운동권이 주도한 반미청년회를 거쳐 1987년 전대협으로 이어지게 됩니다. 임종석 전 대통령 비서실장을 비롯해 더불어민주당 이인영·우상호·윤건영 의원, 오영식·한병도 전 의원, 청와대 신동호 연설기록비서관 등이 전대협 출신입니다.

NL계열에 비해 소수파인 PD는 1980년대 중반부터 공장에 위장 취업해 노동조직을 건설하는 데 주력했습니다. 여권에선 조국 전 법무부 장관을 비롯해 민주당 송영길·박용진 의원, 정의당 심상정 의원, 청와대에선 하승창 전 사회혁신수석 등이 PD계열 출신으로 분류되고 있습니다. 그리고 NL과 PD는 2000년대 들어 민주노동당, 통합진보당의 운영과정에서 크게 충돌하는 등 양대 계열이 노선 투쟁을 벌여왔습니다.

그런데 386세대는 1980년대 민주화 시대를 열었다는 점에서 나름대로 자신감과 우월감을 갖고 있고, 집단주의와 선민의식에 빠져 있다는 것입니다. 이들은 서슬 퍼런 군사정권에 맞서 강력한 연대의식으로 뭉쳐 투쟁하면서 이러한 의식이 자리를 잡았다고 볼 수 있습니다.

그리고 이들이 군부정권과 싸우는 과정에서 진영 논리와 이분법적 사고가 형성됐고, NL계열이 학생운동권의 주도권을 잡으면서 반미·반제·자주라는 감성적 민족주의가 자리를 잡게 됩니다. 386세대의 이 같은 특성은 문재인 정부의 정치 전면은 물론 유화적 대북정책과 대일 강경외교, 독선적 경제정책 등에 그대로 이어지고 있습니다.

386운동권의 일그러진 내면

요즘 문재인 정부의 청와대와 여당 등을 장악한 386운동권 세대에 대한 비판이 뜨겁습니다. 과거 신군부 세력에 도전해 민주화운동을 벌였던 386 운동권이 권력 핵심부를 꿰차게 되자 세상이 변한 줄 모른 채 줄기차게 자기주장만 옳다고 내세우면서 논란이 되고 있습니다.

특히 그들은 자기중심적 사고가 강해 '나는 오류가 없다'는 식으로 자신의 '완벽성'에 대한 확신에 차 있습니다. 그러다 보니 낙관적 착각에 빠지면서 자기 행동에 대한 수치심은 찾아볼 수가 없습니다. 요즘 일부 권력층이 보여주는 행태는 인간이 가지고 있는 한계를 그대로 보여주고 있습니다.

그리고 진보 측 대표주자들이 부도덕한 사건에 연루되면서 평소 그들이 주장해온 말과 행동의 이중성이 속속 드러나자 국민은 크게 실망하고 있습니다. 안희정 전 충남지사가 2018년 3월 수년간의 성폭행 피해를 당했다는 수행비서의 폭로로 사퇴한 데 이어, 2020년 4월엔 오거돈 전 부산시장 역시 시청 직원을 성추행하면서 물러났고, 박원순 전 서울시장이 7월 전직 비서로부터 성추행 혐의로 고소당한 지 하루 만에 스스로 목숨을 끊으면서 국민에게 엄청난 충격을 던졌습니다.

여기다가 정부가 폭등하는 집값을 잡기 위해 20여 차례에 걸쳐 부동산 안정 대책을 발표해온 것과는 달리 대통령을 보좌하는 청와대 비서실과 여당 핵심 인사들, 정부 고위 관료들이 여러 채의 집을 보유하는 등 이중적인 행태를 보이면서 민심이 이반되기도 했습니다.

우리나라처럼 운동권 출신들이 정치권에 전면적으로 진출한 것은 세계적으로 유례가 없습니다. 그들은 이념적인 순수성과 도덕성을 내걸어 왔지만 권력을 잡으면서 그들의 정체성이 속속 드러났습니다. 다시 말하면 과거 민주화운동을 해온 자신과 현재 권력의 한 축이 된 자신은 이미 다른 존재임에도 '나는 남들과 다르다'는 우월감, 심지어 자기들이 하는 일은 '절대선'이라는 생각이 근저에 깔려 있습니다.

그리고 그들은 보수 세력을 친일 잔재와 연결하고 이를 적폐청산의 프레임에 끌어들이고 있다는 점입니다. 이것은 대중을 의식화하는 방법 가운데 하나입니다. 반일정서를 최대한 자극하면서 독립투사들을 '빨갱이'로 본 일제의 앞잡이들을 현재 보수층의 뿌리로 국민 의식 속에 깊이 각인시키기 위함입니다. 이는 역사를 정치의 수단으로 이용하고자 하는 관제민족주의의 전형적인 모습이라고 볼 수 있습니다. 물론 이는 1980년대 운동권이 해방 전후 역사를 탐구하면서 얻은 결론이기도 합니다.

그동안 한국에서 진보정치는 자리를 잡기가 어려웠습니다. 군부정권에서 진보는 그 자체로 '반국가적' 이념으로 취급되며 탄압과 배제의 대상이었기 때문입니다. 그들은 냉전의 틀 속에서 진보정치를 바라보았습니다. 물론 진보정당은 거대 기득권의 부조리와 반칙을 정치 전면에 내세우고 있지만 국민이 수긍하기 어려운 친북 성향과 과격주의 등도 없지 않았습니다.

그러나 진보 세력은 1980년대부터 노동운동과 민주화운동 등을 통해 자신의 모습을 드러냈습니다. 본래 진보주의는 전통적 가치나 정책·체제 등의 틀을 허물고 혁신을 주장합니다. 그래서 현재의 정치·사회체제와 문화, 제도들의 모순을 급진적이고 혁신적 개혁을 통해 새롭게 바꾸려고 합니다. 산업혁명 이후 자본주의의 모순에 반발하여 나타난 사회주의가 대표적인 진보주의라고 할 수 있습니다.

보수주의는 혁명이 아닌 점진적 변화, 점진적 진보를 추구하고 있다는 점이 다릅니다. 그리고 사회질서 유지와 안정화, 경제적 자유를 추구하는 보수와 달리 진보는 상대적으로 자율성, 경제적 평등이라는 가치를 옹호하고 있습니다.

그런데 기득권을 수호하는 데 머물면서 새로운 것에 대해 배타적인 보수주의 태도와 자신의 주장만이 도덕적이고 절대적이라는 진보주의의 생각은 서로 간에 타협을 불가능하게 합니다. 더구나 진영논리에 갇혀 있게 되면, 자신의 견해는 무조건 옳고 상대의 견해는 무조건 틀렸다는 입장을 견지합니다. 이런 입장이라면 갈등·분쟁·대립 이외의 다른 대안이 나올 수 없습니다. 누구도 자신의 옳음을 포기하지 않기 때문입니다.

그런데 따지고 보면 사회적 갈등을 해결하는 방법에는 단 하나의 정답만 존재하는 것이 아닙니다. 우선 상대방을 용인할 때 새로운 지평이 열리게 됩니다. 중도(中道)가 바로 이것입니다. 중도는 서로 모순적 상황에서 옳고 그름이라는 양자택일의 이분법적 입장을 취하는 것 대신에 서로의 장점을 받아들임으로써 새로운 패러다임을 만들어가는 과정을 말합니다.

그리고 어떤 이념이 모든 세상을 좌우할 수 없습니다. 만일 공산주의가 최고의 이념이라는 생각에서 벗어나 그 이념이 가지고 있는 한계를 극복하고 보완했다면 그렇게 빨리 인민들에게 실망을 주지 않았을 것입니다. 더구나 모든 이념은 일정한 한계를 가지고 있다고 볼 때, 그것을 운용하는 사람이 그 이념을 어떻게 구체화하느냐 하는 것이 가장 중요합니다.

오늘날 종교가 선하게 살아갈 것을 강조하지만 실제로 가장 이기주의적 집단 가운데 하나가 된 것도 종교인들의 이중성 때문입니다. 그런 점에서 정치인들도 특정 집단의 이념을 국정에 적용할 때는 심사숙고해야만 혼란을 줄일 수 있을 것입니다.

우리는 제4차 산업혁명 시대라는 역사적 변곡점을 지나고 있습니다. 그 본질은 한마디로 모든 것이 연결된 초지능 사회로의 진화라고 요약할 수 있습니다. 머지않은 장래에 인공지능이 발전해 인간의 지능을 뛰어넘는 시점인 기술적 특이점이 올 것으로 예고되고 있습니다. 바야흐로 인간과 인공지능의 대회전이 벌어질 것입니다. 그래서 우리가 보수와 진보라는 이념을 뛰어넘어 열린 자세로 시대흐름에 적응하지 못한다면 영원히 퇴출될 수밖에 없습니다.

그리고 이제 아는 것만이 힘이 되는 것이 아니라 창의적인 생각이 세상을 이끌어가게 됩니다. 더구나 앞으로는 획기적 창의성과 입체적 상상력이 필요한 때이므로 기존의 어떤 이념에 얽매이게 될 때 그만큼 소중한 시간과 에너지를 낭비하게 될 것입니다. 우리가 여전히 시대착오적인 생각에 머무를 것이 아니라 생각의 혁명을 가져올 수 있는 새로운 가치관이 절실한 때입니다. 그 가치관은 다양한 것을 수용할 수 있고, 그래서 하나로 이끌어낼 수 있어야 합니다.

그런 점에서 정치권에서 보여주는 좌편향 독주는 반드시 청산돼야 합니다. 물론 보수주의자들은 현 정권에 대해 무조건 반대만 할 것이 아니라 이 땅에

온 국민이 평화롭게 살아갈 수 있도록 자유와 번영, 통일의 청사진을 제시할
수 있어야 합니다. 새는 오른쪽 날개와 왼쪽 날개가 온전히 움직일 때 공중을
날아갈 수 있습니다. 이렇듯 이제 진보 측이든 보수 측이든 얄팍한 이념만을
좇다가 더 이상 국민을 실망시키지 않아야 합니다. 더구나 지금은 코로나19
사태를 통해 드러났듯이 전면적 패러다임의 전환이 없이는 살아남기 어려운
때인만큼 정치권도 보수와 진보를 뛰어넘어 근본적 개혁을 위해 환골탈태를
하지 않으면 안 될 것입니다.

갈 길 잃은 보수집단의 좌절

한국 정치사에 있어서 보수 세력은 공산 북한과 대치하는 상황에서 경제를 부흥시키고 나라를 안정적으로 이끌어오기도 했지만, 대부분의 집권자들이 철창 신세를 지는 등 굴곡진 생애를 살아왔습니다. 더구나 2020년 6월 15일 총선에서 176대 84라는 역사상 초유의 의석 결과를 가져온 보수정당은 국민의 신뢰를 회복하고 희망을 줄 수 어떤 비전도 제시하지 못한 채 무기력한 모습에서 좀처럼 벗어나지 못하고 있습니다.

특히 보수정당은 문재인 정부가 집권한 이후 불거진 불황과 실업난, 부동산 가격 급등, 북핵 문제, 조국 사태, 검찰 인사 등 유리한 여건을 활용하지 못했습니다. 지난 총선과 대선, 지방선거에 이은 4연속 패배가 예상되는데도 각 파벌의 수장들은 '나 아니면 안 된다'는 착각과 오만에서 벗어나지 못하면서 국민으로부터 외면을 받았던 것입니다.

그러나 우리나라는 남북한의 대치가 지속되고 주변 강대국의 위협이 상존하는 상황에 있기 때문에 안정적인 국가경영을 바라는 보수 성향의 국민이 의외로 많습니다. 그래서 보수정당이 국민에게 신뢰를 줄 수 있는 새로운 전략을 제시한다면 희망이 없는 것은 아닐 것입니다.

한국 보수 세력의 현주소

보수주의는 급격한 변화보다는 전통을 존중하고 기존 체제를 유지하는 데 초점을 두다 보니 특별히 내세울 만한 이념이 없습니다. 그래서 보수주의는 각 나라의 전통에 따라 다양한 형태를 띠고 있습니다. 한국은 독립운동에 앞장선 이승만, 김구, 안창호 등 민족주의자에게서 그 뿌리를 찾고 있습니다. 그런데 신앙과 같은 이데올로기로 무장해 조직력이나 투쟁력이 막강한 좌파 진보 측과는 달리 우파 보수 측은 공통된 이데올로기를 앞세우기보다는 자유와 민주라는 막연한 가치를 기반으로 하고 있다 보니 조직적 투쟁을 기대하기가 어렵습니다.

그래서 정치적 이해관계에 따라 보수 세력의 이합집산도 계속돼 왔습니다. 1990년 1월 22일 여당이자 원내 제1당이었던 민주정의당과 제3당 통일민주당, 제4당 신민주공화당이 합당해 민주자유당이라는 거대 여당으로 재탄생하면서 대한민국 현대 정치사의 큰 물줄기가 바뀌게 됩니다.

원내 제1·3·4당이 단행한 정계 개편으로 국회 전체 의석의 3분의 2가 넘는 218석짜리 '공룡 정당'이 출현했습니다. 그러나 군부 세력과 민주화 세력의 불편한 동거로 인해 보수의 정체성이 흔들리면서 끝없는 분열과 갈등이 일어났습니다.

특히 노태우의 민정계가 주류를 형성했던 민자당에서 YS(김영삼)는 특유의 투쟁력을 앞세워 당내 헤게모니를 장악하면서 대선 경선에서 민정계 대표로 나선 이종찬을 압도적으로 누르고 대선 후보로 선출돼 제14대 대통령에 당선됩니다. YS는 취임 직후 군정(軍政)의 상징이었던 '하나회' 청산에 나섰고, 1993년 5·18 특별담화를 통해 광주민주화운동의 명예회복을 선언한 뒤 1995년 '5·18 특별법'을 제정·통과시키게 됩니다. 또 전두환·노태우를 12·12 군사반란과 5·18 광주민주화운동 진압 주범으로 지목해 구속하면서 당명까지 신한국당으로 바꿨습니다.

이 과정에서 YS와 갈등을 빚은 JP(김종필)는 군부독재 잔존 세력인 공화계와 일부 민정계를 이끌고 탈당해 자유민주연합을 세우게 됩니다. 그리고 YS는 개혁 공천을 통해 제도권 밖에서 참신한 인물들을 대거 영입하는 대신 민정계를 공천에서 배제하면서 자연스럽게 군부 세력이 청산됩니다. 물론 민정계는 이회창 후보와 손잡고 1996년 제15대 총선을 기점으로 재기를 합니다. 신한국당 대선 후보에 선출된 이회창은 YS에게 당을 떠나라고 요구했고, 결국 분노한 YS는 '대선 중립'을 선언하며 자신이 일구다시피 한 신한국당을 떠나게 됩니다.

이때부터 민정계는 다시 신한국당 주류로 올라섰습니다. 여기에 때마침 경제 침체와 IMF 외환위기라는 미증유의 사태 속에 '박정희 신드롬'이 일어나면서 신한국당은 박정희의 꿈을 잇는 정당으로 자리매김합니다. 이로써 신한국당−한나라당−새누리당−자유한국당으로 이어지는 보수정당의 권력구도는 민정계 우위로 정리됩니다.

그렇지만 2017년 박근혜 대통령의 탄핵은 오랜 기간 잠복했던 민정계와 민주계의 갈등을 수면 위로 끌어올렸습니다. 산업화와 경제발전으로 대표되는 박정희 추종 세력은 박근혜 탄핵을 막아선 반면, YS의 민주화를 이어받은 일부 세력은 국민의 뜻을 받든다는 명분을 내세워 탄핵에 동조하고 새누리당을 탈당하면서 바른정당을 세우게 됩니다. 그 후 바른정당으로 떠났던 민주계 인사들이 한국당에 복당했고, 다시금 총선을 앞두고 미래통합당이라는 이름 아래 두 당이 합하는 정계 개편이 이뤄졌지만 6·15총선에서 참패하면서 설 자리를 잃게 됩니다.

한국 사회는 1945년 해방 이후 좌우 세력 간 힘겨루기가 극렬하게 전개됐습니다. 그러다가 북한에 공산당 정권이 들어섰고, 남한에는 미군정의 도움으로 우파세력이 정국의 주도권을 쥐게 됐습니다. 특히 한국전쟁이 일어나고 북한에 김일성 세습정치가 지속되면서 남한에서는 반공(反共)이 보수적 가치관으로 자리잡게 됩니다.

1997년 대선에서 '햇볕정책'을 내세운 김대중 후보의 대통령 당선으로 진보 세력이 권력을 장악하고, 2002년 대선에서 노무현 후보의 승리 역시 우리 정치·사회에서 진보화 추세를 가속화합니다. 그러나 2007년 대선에 이어 2012년 대선에서도 보수진영이 승리함으로써 우파와 좌파세력의 정권교체가 자연스럽게 이뤄지고 상호 견제를 통해 나름대로 균형을 이루게 됩니다. 하지만 2017년 대선에서는 박근혜 대통령의 탄핵과 촛불시위 여파로 진보진영의 문재인 후보가 압승한 뒤 좌파운동권 세력이 청와대와 행정부, 사법부, 입법부 등 핵심 권력층을 장악했고, 모든 정책이 진보 편향으로 바뀌게 됐습니다.

그동안 문재인 정부가 일방적 정책 추진으로 국민에게 좌절을 안기기도 했지만, 그것이 보수 세력의 지지로 돌아서지 않는 것은 야당이 여전히 중도층의 신뢰를 얻지 못했다는 방증입니다. 그래서 보수의 정체성부터 새롭게 가다듬지 않으면 안 될 상황에 이르렀습니다.

다시 말하면 진보 세력의 장점으로 꼽혀왔던 공정성이나 도덕성이 일련의 사태를 거치면서 큰 타격을 입었지만 보수야당의 지지율 상승으로 연결되지 못했습니다. 보수정당은 이러한 사실을 뼈아프게 받아들여 근본 뿌리부터 바꾸는 것은 물론 시대흐름에 맞춰가는 새로운 정책 대안들을 제시함으로써 국민의 신뢰를 다시 끌어내야 합니다.

한국 보수의 길은 없나

보수는 한자 풀이대로 지키고(保), 지킨다(守)는 것입니다. 그것은 자유민주주의와 시장경제, 그리고 법치주의라는 민주공화국의 3대 가치를 주로 말합니다. 물론 이러한 보수의 가치는 1948년 7월 17일에 제정된 건국 헌법이 미국과 프랑스, 서독의 헌법을 참조해 만들어지다 보니 외국의 영향을 많이 받았다고 볼 수 있습니다. 그런데 이러한 보수의 가치가 이승만과 박정희, 전두환 등을 거치면서 많이 훼손되거나 퇴행하게 됩니다.

보수는 단순히 옛것을 고집하는 수구와 달리 자유민주주의와 시장경제, 법치주의를 시대의 흐름에 맞게 진전시켜 나가야 합니다. 다시 말하면 보수는 전통과 관행을 중시하면서도 우리 국민에게 당면한 여러 현안들을 거뜬히 해결할 수 있는 새로운 비전을 제시해야 한다는 것입니다. 더구나 여기에 보수의 핵심가치인 자유만을 강조하게 될 경우 불평등이 나올 수밖에 없습니다. 그래서 누구나 차별없이 평등하게 행복을 누릴 수 있는 길도 찾아야 합니다.

그리고 한국의 보수 세력은 보수주의의 철학과 가치관의 부재로 인해 대중을 효과적으로 설득하는 데 실패했습니다. 특히 보수정당의 경우 뚜렷한 철학과 노선, 정책이 없다 보니 개인과 정파의 이해관계에 따라 싸움에 몰두해 온 것입니다. 여기다가 보수 세력은 좌파와의 담론 경쟁에서 언제나 밀렸습니다.

즉 보수 측은 진보 측으로부터 독재를 추종하고 정당화하는 세력으로 매도당했습니다. 그리고 진보 측이 만든 적폐나 친일, 극우, 친재벌 등의 프레임에서 벗어나지 못했습니다. 결국 보수 세력이 진보정권이 만들어낸 현재의 상황보다 더 나은 경제, 안정과 평화에 대한 비전을 제시하지 않는다면 국민은 더 이상 눈길을 주지 않을 것입니다.

그리고 보수와 진보는 남북관계를 어떻게 보느냐에 따라 확연히 갈라지게 됩니다. 보수는 진보에 대해 좌익이라는 딱지를 붙이고 진보는 그 대신 수구꼴통으로 비판합니다. 그러나 오늘날 남북관계를 편향된 시각에서 볼 것이 아니라 남북의 이념문제를 극복함으로써 통일의 길로 갈 수 있는 길을 찾아야 합니다. 그 대안으로 제시할 수 있는 것이 좌익이나 우익이 아닌 보다 근복적인 제3의 길을 찾아야 합니다. 다시 말하면 그것은 양측의 싸움을 근원적으로 해결할 수 있는 길을 모색할 때만이 가능합니다.

특히 남북통일에 앞서 선차적으로 이뤄야 할 통일이 우리의 마음과 몸의 통일이라고 볼 수 있습니다. 마음과 몸이 하나가 되지 못함으로써 마음세계에 해당하는 유신론, 종교, 윤리, 정신문명, 민주세계가 갈라졌고, 몸의 세계에 해당하는 무신론, 정치, 경제, 물질문명, 공산세계의 분열이 초래됐다고 볼 수 있습니다.

이와 같은 분열 중의 하나가 한반도에서 군사분계선을 중심으로 좌익과 우익의 이념적 분단으로 나타난 것입니다. 그렇기 때문에 유신론과 무신론, 민주와 공산, 좌익과 우익을 통일할 수 있는 것은 좌우의 어떤 사상을 갖고도 어렵다는 것입니다. 그런 점에서 마음과 몸이 하나가 될 때 온전한 인간이 될 수 있듯이 좌익과 우익을 넘어서서 양자를 포용하고 하나로 만들 수 있는 근본 사상을 찾아야 합니다.

따라서 오늘날 보수가 살 수 있는 길은 북한을 적대시하거나 무조건 반대만 하는 것이 아니라 남북이 공감할 수 있는 새로운 통일방안을 제시할 수 있어야 합니다. 요즘 남한에 좌익세력들이 활개를 치는 것도 사상전에서 보수세력이 밀리고 있다는 것을 보여주는 것입니다. 그래서 보수가 살길은 남북관계는 물론 인류의 현안을 근본적으로 해결함으로써 영원한 자유와 평화와 이상의 세계를 실현할 수 있는 대안을 제시해야 합니다.

그동안 사회주의자들은 사회적 불평등 해소를 위해 국가가 개입하여 급진적 변화를 가져와야 한다고 주장했습니다. 그러나 보수주의자들은 자유시장경제와 정부 개입 최소화를 강조합니다.

북유럽 국가들은 소득의 절반 가까이를 세금으로 내지만 다들 불만이 없습니다. 사회안전망이 잘 구축돼 있기 때문에 근로자를 해고하더라도 별다른 저항이 없습니다. 그리고 노동시장의 유연성이 담보되니 기업도 부담 없이 고용을 확대하게 됩니다. 자유시장주의와 보편적 복지가 빚어내는 경제 선순환 구조입니다. 보편적 복지는 사회주의 코드가 아니라 자본주의를 지속 가능케 하는 제도입니다.

따라서 보수가 신뢰를 회복하고 새로운 도약의 계기를 마련하기 위해서는 복지에 대한 새로운 인식 전환과 정책 수립에 나설 필요가 있습니다. 사회 양극화가 심각한 상황에서 '시장 만능'에 기대온 신자유주의는 이미 실패한 것으로 귀결되고 있기에 '복지와 경제의 선순환'을 두고 진보개혁 세력과 정책 경쟁에 나서야 한다는 것입니다.

다시 말하면 이제는 보수도 부르주아 계급을 대변했던 영국의 보수당이 19세기 선거권 확대를 주장하며 국민정당으로 탈바꿈하고 20세기 초 노조를 끌어안으며 좌우의 넓은 스펙트럼을 갖춘 것처럼, 국민 편에 서서 진보 세력을 끌어안고 복지정책에도 앞장서야 합니다.

그리고 보수가 더 나은 세상을 만드는 방법은 각자의 개성을 가진 국민 개개인이 자유롭게 의견을 개진할 수 있는 열린사회를 지향할 때 가능합니다. 보수주의의 본질은 자유주의와 그로부터 파생되는 다양성과 개방, 관용 등의 가치입니다. 그래서 집단보다 개인, 통제보다 자율, 획일성보다 다양성을 존중하게 됩니다. 국가가 대중을 획일화하고 통제하는 전체주의에 맞서 시민의 인권과 권리를 지켜내는 것이 보수가 할 일입니다.

우리 앞에는 아직 한 번도 가보지 않은 미래가 놓여 있습니다. 이럴 때 보수가 과거로 눈을 돌리는 것이 아니라 어둠을 밝히는 전조등이 돼야 합니다.

그런 점에서 보수는 정체되어 있지 않고 더 나은 세상을 위해 근본적인 변화를 추구해야 합니다.

그런데 한국 정치상황에서는 보수나 진보 가릴 것 없이 유권자들의 표를 의식해서 정책을 결정하는 경향이 있기 때문에 뚜렷한 차별성이 보이지 않는다는 점입니다. 그러다 보니 자기들만의 대안을 제시하기보다는 상대방의 약점을 물고 늘어지는 데 급급합니다.

이제 보수 세력은 자신의 색깔을 보여주는 정치가 필요합니다. 특히 보수 정치권은 우리 국민을 어떻게 이끌어가고 국력을 어떻게 키우겠다는 그랜드 디자인을 만들어야 합니다. 그럼으로써 미래에 대한 꿈을 심어줘야 합니다. 그럴 때만이 우리 국민은 보수 세력에 신뢰의 눈길을 보낼 것입니다.

이념의 굴레를 벗어나는 길

세상을 보수와 진보 두 가지로만 재단할 수 있을까요? 요즘 우리 사회에서는 공산주의가 사실상 붕괴됐지만 보수와 진보라는 이름 아래 이념 갈등이 오히려 증폭되고 있습니다. 더구나 2017년 5월 9일 제19대 대통령 선거를 통해 진보 세력이 정권을 잡으면서 온 나라가 이념 갈등으로 인해 두 쪽으로 갈라진 상황입니다. 여기에는 정치인들이 지역감정을 이용하는 것과 마찬가지로 자기들과 생각이 같은 사람을 결집시켜 지지층을 확보하자는 당리당략이 깔려 있습니다.

그동안 보수 세력들이 남북이 대치하는 상황에서 공산주의 타도를 내걸고 진보 세력들을 좌익 혹은 친북집단으로 매도하면서 이념 갈등의 불을 붙인 측면이 없지 않았습니다. 그러나 지금은 이른바 민주화 세력들이 사회정의와 민주주의 가치를 앞세우면서 보수 세력을 적폐집단으로 규정하고 청산작업에 나섰습니다. 결국 우리 사회에서는 진정한 의미의 보수와 진보의 대결은 이뤄지지 않은 채 정치 논쟁으로 변질되면서 이념 갈등이 증폭되고 있는 것입니다.

바람직한 보수·진보 대결

공산주의 이론을 체계화한 카를 마르크스가 성장한 19세기 전반기는 18세기의 프랑스 대혁명을 계기로 대두한 자유주의 사상의 바람이 서유럽 사회를 휩쓸던 때였습니다. 구체제인 봉건주의·절대주의가 잔존하고 있는 곳에서는 어디에서나 보수 세력과 자유주의 세력 간의 충돌이 벌어졌습니다.

특히 독일은 자유주의운동에 대한 탄압이 심했고, 일찍부터 산업혁명에 의해 자본주의가 꽃피기 시작한 영국·프랑스 등 일부 국가에서는 노동자에 대한 자본가들의 착취와 혹사로 인해 실업과 기근이 사회적 문제로 떠올랐습니다.

전환기에는 대체로 새로운 사상이 출현하게 됩니다. 공산주의도 예외가 아니었습니다. 더구나 유대교 가정에서 태어난 마르크스는 기독교 사회로부터 심한 차별 속에 성장하면서 반항적이고 혁명적 기질이 형성됐고, 이러한 사회에 대한 부정적 생각이 공산주의 이론을 수립하는 과정에 크게 영향을 끼쳤습니다.

그런 점에서는 신자유주의도 마찬가지입니다. 신자유주의는 정부 차원의 인위적인 개입보다는 자유시장의 논리를 내세우면서 개방화·자유화·민영화·탈규제 등을 강조합니다. 신자유주의는 1970년대 이후 세계적 불황이 다가오면서 기존의 수정자본주의에 대한 반론으로 등장했습니다.

그리고 수정자본주의는 정부가 시장에 적극 개입하여 소득평준화와 완전고용을 이룸으로써 복지국가를 세우고자 했지만 신자유주의는 정부의 시장 개입을 지양하고 자유로운 경쟁체제를 중요하게 생각했습니다. 그러나 최근 미·중 무역 갈등에서 보듯이 지난 30년간 세계가 지속해왔던 자유무역과는 정반대로 정치·경제적 패권을 놓고 벌이는 경제전쟁에서 각국의 정부는 더욱 적극적으로 시장에 개입하고 있습니다. 다시 말하면 자유무역의 수호자처럼 행동해왔던 미국은 도널드 트럼프 대통령 집권 이후 더 이상 그 역할에 흥미를 못 느끼고 있습니다.

특히 2008년 월가 금융위기가 닥치자 좌파 지식인들 사이에서는 신자유주의에 입각한 시장만능주의로 인해 세계가 '1퍼센트 대 99퍼센트' 양극화 사회가 됐다고 반박하고 나섰습니다. 그러면서 '함께 잘 사는 정의로운 자본주의'로 바꿀 것을 주장했습니다. 문재인 대통령이 2018년 시정연설에서 '함께 잘 사는 포용국가' '국민 한 명도 차별 받지 않는 나라'를 강조한 것도 이와 같은 맥락으로 볼 수 있습니다.

한국이 지난 30여년 동안 과중한 안보비용을 부담하면서도 압축 성장을 통해 10위권의 경제 강국 대열에 들어갈 수 있었던 것은 복지보다는 당장 눈 앞에 닥친 가난부터 해결하고자 하는 국민의 열망이 앞섰기 때문입니다. 특히 역대 정부가 복지정책을 소홀히 한 것이 아니라 그럴 만한 여력이 없었기 때문이며, 외환위기가 끝난 2000년 이후부터 이 문제에 관심을 갖기 시작했습니다.

그런데 현재 문재인 정부는 포퓰리즘 정책이라고 눈총을 받아가면서도 복지 예산을 크게 늘리고 있습니다. 그리고 급격한 최저임금 인상, 의료보장 확대, 무상교육 시행, 근로장려금 확대, 주 52시간제 도입 등 인기 정책을 숨 가쁘게 내놓았습니다.

우리 국민이 최소한의 인간다운 삶을 누릴 수 있도록 사회안전망을 구축하기 위해 복지 지출을 늘리는 것은 바람직한 일이지만, 복지 확대를 마냥 반길 수만 없는 것은 재원 대책이 수반되지 않으면 정부 재정의 안정성을 해칠 수 있기 때문입니다. 지출을 늘리려면 세금을 더 많이 거두거나 보험료를 올려야 합니다. 그리고 국채를 발행해 재원을 조달하는 것은 미래 세대에 부담을 떠넘기는 것이 됩니다.

우리는 여기서 공산주의나 신자유주의, 그리고 좌파 정권들의 이념 정책들이 현실화 과정에서 한계를 보여왔다는 점을 지적하지 않을 수 없습니다. 특히 문재인 정부의 부동산 정책의 실패로 인해 가진 자와 못 가진 자의 격차가 크게 벌어진 것은 그들이 내세운 이념 정책과는 정반대로 흘러간 사례입니다. 20여 차례에 걸친 부동산 안정 대책 발표에도 어느 정권과 비교할 수 없을 정도로 전국의 주택 가격은 하늘 높은 줄 모르고 치솟았습니다. 결국 문재인 정부가 서울 강남아파트 가격을 잡겠다고 강력하게 추진한 부동산 정책이 전국 주요도시의 아파트까지 폭등을 불러온 것입니다.

최근 남미 칠레 정부가 재정 적자 축소를 위해 수도 산티아고의 지하철 요금을 30페소(약 50원) 인상하기로 하자 수많은 시민이 거리로 나와 반정부 투쟁에 나섰습니다. 공공기관·상점 등에 방화하는 등 폭동으로 비화하자 29년 만에 비상사태가 선포됐습니다.

그리고 에콰도르에서도 시위대가 경찰과 충돌해 7명이 숨졌고, 아르헨티나에서는 우파 성향의 대통령 퇴진을 요구하는 시위가 벌어졌습니다. 이는 그동안 좌파 정부의 선심성 복지정책에 익숙해진 국민이 이를 축소하려 하자 반발한 것입니다.

어느 국가이든 집권자들이 편향된 이념을 앞세워 표퓰리즘 정책을 펴게 될 때 결국 나라가 거덜이 나게 된다는 것을 보여주는 사례들입니다. 더구나 정부가 아무리 이상적 이념을 내세우더라고 국민보다는 개인이나 정파의 이익을 앞세울 때는 똑같은 결과를 초래할 수밖에 없다는 것입니다. 지금 나라의 곳간은 돌보지 않은 채 세금 살포에 나서는 현 정부의 이념 편향 정책 역시 중남미형 복지 포퓰리즘을 닮아가고 있습니다.

그러나 이러한 포퓰리즘의 유혹에 넘어간 남미와 남유럽이 쇠락의 길을 가게 된 반면에 북유럽 국가들은 일찌감치 자본주의와 사회주의의 장점을 잘 수용함으로써 독특한 사회경제체제를 발전시켜 왔다는 점에 주목해야 합니다. 어떤 정책이든 섣부른 이념보다는 국민을 우선해야 정책의 실패를 막을 수 있습니다.

바른 이념의 길

한국의 정치집단은 불행히도 상대방을 적대세력으로 몰아가면서 서로 돌아올 수 없는 다리를 건너고 말았습니다. 그동안 군부정권은 민주세력을 좌익세력이나 친북 좌파로 매도했습니다.

반면에 진보정권이 들어서자 군사 독재정권에 참여한 인사들을 수구반동 내지 적폐세력으로 비판했습니다. 이렇듯 보수와 진보 사이에는 상대 세력들에 대해 극단적인 낙인을 찍다 보니 서로 간에 화해 방안을 찾지 못한 채 오늘에 이르렀습니다.

특히 성장보다는 분배를 우선적으로 내세울 경우 진보나 좌파세력으로 몰아가는 등 우리나라의 이념 스펙트럼이 넓지 않다는 것입니다. 그리고 대북정책을 놓고 진보와 보수 세력은 친북 좌파와 반통일 세력으로 서로를 비난합니다.

지금은 사실상 군사 독재의 잔재가 사라졌고, 냉전시대가 아니기 때문에 반대를 위한 반대는 더 이상 용납되지 않습니다. 따라서 이러한 용어들이 상대방을 무조건 비방하기 위한 의도에서 만들어냈다는 점에서 이제는 따뜻한 시선으로 상대방을 끌어안을 수 있어야 합니다. 그것이 그동안 보수와 진보 측이 남북한이 대치하는 상황에서 정치적 의도 아래 오랫동안 서로를 비방해 오면서 덧난 상처를 치유하는 길이기 때문입니다.

한국 사회는 공산정권과 장기간 대치하고 전쟁을 치른 경험을 가지고 있다 보니 우익적 사고가 지나치게 형성되면서 대부분 공산주의에 대해서는 무의식적으로 경계하거나 알레르기 반응을 보이고 있습니다. 물론 공산주의가 누구나 평등하게 살아가는 세상을 실현하기 위한 이데올로기가 아니라 독재 권력을 유지하면서 대중을 탄압하려는 단순한 책략에 불과하며, 자유세계와 제3세계에 대해서는 이상사회 실현이라는 환상을 내세워 불만층을 기만하면서 내부 붕괴를 꾀하는 제국주의적 침략수단이 되어 버린 것이 사실입니다. 그렇지만 이와 같이 이상사회 실현을 앞세운 이데올로기로서의 공산주의는 실질적으로는 끝났음에도 오늘날까지 그 폐해를 감추고 지구촌 곳곳에서 그 유령이 아직도 인류를 위협하고 있다는 것입니다.

그러다 보니 지난 100여년간에 걸친 자유민주주의와 공산주의의 대결은 1991년 12월 소비에트 연방의 해체로 인해 종지부를 찍었지만, 자유민주주의 체제 하에서 좌우익의 대결은 지금도 계속되고 있습니다. 아직도 칸트와 헤겔의 주장이 유효하며, 마르크스의 이론도 지금까지 그 명맥을 유지하고 있습니다. 그것은 공산주의자들이 내세웠던 분배의 문제가 시장경제를 앞세우는 자유민주주의 체제 하에서도 중요한 정책적 이슈가 될 수밖에 없기 때문입니다.

그리고 우리 사회의 보·혁 갈등은 친북과 친미, 시장과 분배 같은 이분법적 논리에 지배돼왔습니다. 그러다 보니 어느 한쪽도 다른 진영의 생각을 받아들일 용기가 없기 때문에 진보에게는 보수, 보수에게는 진보가 일종의 금기어처럼 보이는 것입니다. 다시 말하면 다양한 정치세력이 존재할 수 있다는 현실을 외면한 채 어느 진영도 한발 물러섬 없이 서로 대치하는 모습을 보여주고 있습니다.

그렇지만 한국 사회를 놓고 보면 이젠 보수와 진보가 충분히 공존할 수 있는 단계에 이르렀다는 의견이 많습니다. 여기서 공존의 최우선 조건은 상대편의 존재를 인정해 주는 것입니다. 그럴 때 서로의 경계선을 뛰어넘어 진보도 보수가 될 수 있고, 보수도 진보가 될 수 있습니다.

물론 공산주의가 무너졌다고 해서 반드시 자본주의가 승리했다거나 인류에게 바람직한 사상으로 생각하는 사람은 적습니다. 자본주의 역시 인간이 만들어낸 이념으로서는 긍정적 측면이 많지만 지나친 양극화로 인해 빈곤층을 양산하면서 사회적 갈등과 대립이 끊이질 않고 있습니다. 특히 무한경쟁으로 인해 자원의 무분별한 개발과 낭비를 초래하여 환경을 급격하게 오염시키고 있는 것도 자본주의의 폐해 가운데 하나입니다.

또 하나의 자본주의 맹점은 부(富)를 쟁취하는 과정이 너무 관대하게 보다 보니 돈이 있는 사람은 무한히 부를 축적할 수 있는 반면, 돈이 없는 사람은 가난의 굴레에서 벗어날 수 없는 구조라는 것입니다. 여기서 투자와 투기문제가 제기됩니다. 자본주의 국가는 대부분 투기에 대한 관대한 사고와 무비판적 관행 때문에 부동산 가격 폭등이 늘 사회문제화돼 왔습니다.

자본주의 사회의 논리에 따르면 자본의 자기 증식, 탐욕적 메커니즘의 눈으로 보면 투기든 투자든 어떤 방식과 수단을 통해서라도 이익을 실현하면 그만인 셈입니다. 자신의 이익 실현을 위해서는 타자의 고통과 피눈물을 외면하고 오로지 수익 극대화라는 결과만을 추구하고 있는 것이 자본주의의 맹점입니다.

그동안 한국 정치권은 오직 자기 주장만이 옳고 상대방의 주장은 터무니없는 것으로 격하시키기 일쑤였습니다. 이러한 일방적 자세는 결국 건전한 토론을 통한 합리적 경쟁을 저해하고 있습니다. 요즘 촛불시위나 광장정치가 일상화하면서 한국 사회는 그야말로 두 동강이가 난 상황입니다. 이처럼 어느 사회든 자기편의 승리에만 집착하게 되면 민주주의의 절차가 파괴되고 맙니다.

따지고 보면 보수와 진보의 경계는 모호합니다. 더구나 서구사회에서는 보수와 급진세력 간의 논쟁이 가열됐지만, 한국 사회에서 보수는 '보호하고 지킨다'는 의미이지만 진보라고 해서 우리 고유의 가치관을 외면하지는 않는다는 것입니다. 보수주의자들 가운데는 자신이 진정한 진보라고 주장하는 이유도 여기에 있습니다. 그리고 보수를 내세우는 사람이라고 해서 개혁정책을 반대만 하는 것은 아닙니다.

이제 보수와 진보의 이념적 구별은 큰 의미가 없다는 것입니다. 다원화 시대에서 이를 구별하다 보면 정치세력 간에 권력투쟁만을 불러올 수 있기 때문입니다. 그런 점에서 그동안 인간이 창출해낸 이념 가운데 인류에게 보다 근본적이고 바람직한 이념이 어떤 것인가 찾아야 할 때입니다. 그것은 누구나 차별없이 행복하게 살아가고자 하는 온 인류의 꿈을 실현할 수 있는 것이어야 합니다.

3장
종교의 한계

코로나19 사태가 보여준 종교계의 민낯

　요즘 한국을 비롯한 전 세계에 충격을 몰고 온 신종 코로나바이러스 감염증(코로나19) 사태는 인류가 언제든 이러한 전염병의 집중적 공격을 받을 수 있다는 것을 보여준 경고였습니다. 물론 1346년부터 1352년까지 중세 유럽을 뒤흔들었던 페스트(흑사병)는 유라시아 인구의 3분의 1이 넘는 6천만 명 이상의 목숨을 앗아갔고, 1918년에도 스페인 독감으로 5천만 명 이상의 사망자가 나오는 등 인간은 눈에 보이지도 않는 작은 바이러스에도 여지없이 무너질 수 있다는 것을 보여주었습니다.

　그런데 한국이 초기에 코로나 바이러스에 속절없이 당한 것은 어느 신종교 때문입니다. 국내에서 코로나19 사태가 걷잡을 수 없을 정도로 퍼진 변곡점이었던 것이 이 교단 '31번 환자'였습니다. 이들은 좁은 공간에서 밀집된 방식으로 예배나 교육을 하면서 집단 전염이 된 것입니다. 이 교단의 신도가 전체 환자의 62.7퍼센트(2020년 3월 10일 기준)에 이를 정도로 슈퍼 전파자가 됐습니다.

믿는다는 것의 한계

한국이 중국에 이어 코로나 바이러스가 급격하게 퍼지면서 집중 공격을 받게 된 것은 어느 신종교 신자들이 대규모로 감염 됐음에도 자기 정체를 숨기거나 비협조적으로 나오면서 정부 당국의 초기 대응에 치명타를 가했고, 엄청난 행정력 낭비를 불러오게 했기 때문입니다. 그런데 이 교단이 방역 당국에 비협조적이었던 것은 말세에 육신을 가지고 영원히 살게 된다거나 이번 코로나19 사태가 요한계시록에 기록된 계시와 예언이 이루어지는 과정에서 생기는 '환난' 혹은 '마귀의 짓'으로 보고 참고 견디면 하나님이 보호한다는 그들만의 독특한 믿음 때문이었습니다.

과연 그럴까요? 성경을 보면 인간사회에 수많은 위기가 나타나게 됩니다. 그동안 인간을 이러한 위기로 몰아넣었던 것은 하나님을 잘 믿고 못 믿는 데 있었던 것보다는 인간의 탐욕 때문으로 볼 수 있습니다. 다시 말하면 자기중심의 생각 때문에 이성적 판단을 할 수 없다 보니 하나님에게도 불경을 저지르게 된 것입니다.

인간조상이 태초에 "선과 악을 알게 하는 나무의 열매만은 먹어서는 안 된다. 그것을 먹는 날에는 너는 반드시 죽는다."(창세기 2:17)는 하나님의 경고에도 "눈이 밝아지고, 하나님처럼"(3:5) 되고자 하는 욕심 때문에 올바른 판단을 할 수 없었습니다. 이는 믿음의 차원을 떠난 것입니다.

그리고 '소돔과 고모라'(창세기 19장)가 멸망한 것도 타락으로 인해 음란의 도시가 됐기 때문입니다. 하나님이 아브라함에게 두 도시를 파괴할 예정이라고 말하자 아브라함이 그곳에서 10명의 의인을 찾을 수 있다면 어찌하겠느냐고 묻습니다. 그러자 하나님은 소돔과 고모라성을 파괴하지 않겠다고 답합니다. 그러나 의인은 10명이 되지 않았습니다.

결국 하나님은 두 도시를 파괴하기로 마음먹었지만, 천사 둘을 미리 보내 아브라함의 조카인 롯과 그의 가족을 구하게 했습니다. 그런데 소돔 사람들이 밤이 되자 음란에 눈이 어두워 롯의 집을 에워싸고 두 손님을 내보내라고 요구합니다. 롯은 '남자를 알지 못하는 두 딸'을 내놓겠다는 제안까지 했지만 그들은 남자를 상대하겠다면서 오히려 행패를 부렸던 것입니다.

그래서 두 천사는 소돔 사람들의 눈을 멀게 하고, 롯과 가족에게는 뒤를 돌아보지 말고 도시를 떠나라고 말합니다. 그 후 하나님은 두 도시를 불과 유황으로 파괴했습니다. 여기서 하나님이 두 도시를 멸하게 된 것은 인간들이 하나님도 어찌할 수 없을 만큼 타락했기 때문이며, 롯의 아내가 뒤를 돌아보지 말라는 천사의 말을 따르지 않은 것은 자기가 살았던 곳에 대한 미련과 욕심 탓입니다.

인간조상의 타락이나 소돔과 고모라 사건을 놓고 기독교인들 가운데는 믿음의 문제로 보는 사람이 많지만, 하나님은 결코 인간을 시험하려는 것이 아니라 원리원칙을 바탕으로 인간을 대하고 있다는 것입니다. 그래서 "태초에 '말씀'이 계셨다. 그 '말씀'은 하나님과 함께 계셨다. 그 '말씀'은 하나님이셨다."(요한복음 1:1)라고 기록된 것처럼 '말씀'은 하나님의 뜻과 계획, 목적 그리고 섭리의 근간이라고 볼 수 있습니다. 그리고 '말씀'은 로고스(logos), 곧 진리를 말하기 때문에 하나님은 믿음보다는 진리나 이성으로 인간을 대한다고 볼 수 있습니다.

더구나 예수에 대해 "그 말씀은 육신이 되어 우리 가운데 사셨다. 우리는 그의 영광을 보았다. 그것은 아버지께서 주신 외아들의 영광이었다. 그는 은혜와 진리가 충만하였다."(요한복음 1:14)고 기록된 것처럼 예수는 진리 그 자체라고 볼 수 있습니다.

그래서 예수는 "너희는 진리를 알게 될 것이며, 진리가 너희를 자유롭게 할 것이다."(요한복음 8:32)라고 말한 것입니다. 그런 점에서 믿음보다는 진리를 통해 하나님과 예수의 뜻에 맞게 살아갈 때 올바른 신앙을 할 수 있고 창조본연의 인간 모습을 회복하게 됩니다.

그리고 오늘날 상당수의 기독교인이 내세우는 믿음은 신앙의 첫 단계에 불과합니다. 예수가 누구도 자신을 따르지 않고 반대할 때 환자를 고치면서 믿음을 강조하지만, 이것은 당시 그러한 치유역사를 통해서라도 자신을 믿게 하려는 딱한 사정을 보여주는 일면일 뿐 예수가 본래 하고자 하는 일은 아닙니다.

그래서 사도 바울이 "내가 어릴 때에는 말하는 것이 어린아이와 같고, 깨닫는 것이 어린아이와 같고, 생각하는 것이 어린아이와 같았습니다. 그러나 어른이 되어서는, 어린아이의 일을 버렸습니다."(고린도전서 13:11)라고 고백한 것처럼 신앙인은 예수가 제시한 진리에 따라 살아가면서 사리분별이 부족한 어린이와 같은 신앙에서 벗어날 수 있어야 합니다.

이와 마찬가지로 인간 세상이 멸망의 구렁텅이로 빠져들 수 있는 것은 하나님에 대한 믿음이 약해서가 아니라 인간의 탐욕이 원인이 된 전쟁과 질병 때문입니다.

전염병이 처음으로 창궐하기 시작한 것도 인류가 농사를 짓기 위해 한 곳에 모여 살 때부터였습니다. 가축을 키우기 시작하면서 인간은 배설물 등 오염원에 노출됐고, 각종 세균과 바이러스에 의해 전염병을 앓기 시작했습니다. 특히 인구밀도가 높은 대도시, 그리고 교통이 발달한 곳일수록 전염병에 취약합니다.

대전염병은 이처럼 인간이 만들어낸 사회환경 때문에 유행한다고 볼 수 있습니다. 인류역사에 보듯이 전염병은 수천만 명의 생명을 앗아갈 만큼 위협적입니다. 이것을 신의 저주나 인간의 부족한 믿음 탓으로 돌리는 것은 무리입니다. 그런 점에서 이번 코로나19 사태를 말세적인 현상 혹은 믿음이 부족한 것으로 돌리면서 나라를 공포의 분위기로 몰고 간 일부 종교단체의 행태는 비판받아야 마땅합니다.

성숙된 신앙인의 길

오늘날 종교는 갈라질 대로 갈라졌습니다. 교파 간의 담도 높습니다. 그것은 절대적 진리나 가치관을 찾지 못하고 있기 때문입니다. 다시 말하면 하나님의 본질을 제대로 알지 못한 채 인간의 머릿속에서 나오는 생각, 특히 이해관계에 얽혀 수많은 교파로 분열된 것입니다.

초대교회에도 '나는 바울 편이다.', '나는 아볼로 편이다.', '나는 게바 편이다.', '나는 그리스도 편이다.'라고 말할 정도로 분열이 일어났습니다. 그러나 사도 바울은 이러한 분열을 비판하면서 "같은 마음과 같은 생각으로 뭉치십시오."(고린도전서 1:10)라고 권면합니다.

결국 교파 분열은 자기 생각을 앞세웠기 때문에 일어난 것이며, 예수의 가르침과도 동떨어진 것으로 볼 수 있습니다. 다시 말하면 고린도교회의 사례에서 보듯이 남에게 인정받고 싶은 심리적 욕구 때문에 자기 세력을 키우는 과정에서 분열은 일어나게 됩니다. 자기를 앞세우지 않고 전체를 생각한다면 분열이 일어날 수 없다는 것입니다.

그리고 바울은 "그리스도께서 갈라지셨습니까?"(13절)라고 반문하면서 본질적 문제를 제기합니다. 이렇듯 오늘날 종교가 성경의 특정 구절을 침소봉대하여 신도들에게 불안 심리를 부추기면서 이성적 판단을 할 수 없게 한다거나 교파이기주의에 사로잡혀 다른 교파를 적대시하도록 부추기는 것도 종교의 본질을 벗어난 사례로 볼 수 있습니다.

그래서 예수도 "어느 나라든지 갈라져서 서로 싸우면 망하고, 또 가정도 서로 싸우면 무너진다."(누가복음 11:17)면서 "'네 이웃을 네 몸같이 사랑하여라.' 이 계명보다 더 큰 계명은 없다."(12:31)고 말한 것입니다. 이는 결국 나무만을 보고 분열을 일으키면서 아옹다옹하지 말고 숲을 보아야 한다는 것을 가르쳐주고 있습니다.

따라서 참된 신앙은 예수가 보여준 것처럼 하나님과 하나가 되고, 하나님이 머무를 수 있는 성전(聖殿)이 되는 데에 목표를 둬야 합니다. 예수가 하나님과 자신과의 관계에 대해 "내가 아버지 안에 있고 아버지께서 내 안에 계시다는 것을, 네가 믿지 않느냐? 내가 너희에게 하는 말은 내 마음대로 하는 것이 아니다. 아버지께서 내 안에 계시면서 자기의 일을 하신다."(요한복음 14:10)라고 말한 것처럼 신앙인은 무엇보다도 하나님이 함께할 수 있는 모습이 돼야 합니다.

이는 예수가 하나님의 성전으로서 하나가 돼 있고, 예수 자신이 하는 일은 하나님이 하는 것과 다름없기 때문에 서로 일체관계임을 말합니다. 하나님과 인간이 하나가 될 때는 무한 신뢰관계가 형성되기 때문에 나를 믿어 달라고 하는 차원을 넘어서는 것입니다. 그런 점에서 믿음만을 강조하는 것은 초보적 신앙에 불과합니다.

그래서 성숙한 신앙인은 어떤 특정 종교단체에 예속된 종이 아니라 참된 주인입니다. 성숙한 신앙인은 신앙이 무엇인지 똑바로 알고 실천하는 사람입니다. 신앙의 본질은 자기를 앞세우는 것이 아니라 성인들의 가르침을 왜곡됨이 없이 그대로 실천하는 것입니다.

오늘날 종교가 수없이 갈라진 것은 한마디로 자기를 앞세웠기 때문입니다. 사도 바울이 "사랑은 무례하지 않으며, 자기의 이익을 구하지 않으며, 성을 내지 않으며, 원한을 품지 않습니다."(고린도전서 13:5)라고 말한 것을 두고 볼 때, 자기 이익을 위해 서로 갈라섰다면 그것은 예수의 핵심적 가르침인 사랑이 없다는 것을 보여주는 것입니다. 그런 점에서 교파라는 울타리 바깥에 있는 이웃종교인들을 배척하는 것은 올바른 신앙 자세라고 볼 수 없습니다.

그동안 종교가 세상을 설득할 자신이 없다 보니 무조건 믿음을 강요해 온 것이 사실입니다. 여기다가 성경구절을 자의적으로 해석하면서 신도들에게 공포심을 불러일으킨 사례도 적지 않습니다. 특히 1992년 10월 예수가 재림

할 때 이뤄지게 될 일들을 기록한 예언서 요한계시록을 근거로 예수가 공중에 재림해 '믿는 자'만 천국으로 들어 올려지게 한다는 이른바 시한부 종말론을 주장한 다미선교회와 다베라선교회의 '휴거(携擧)' 소동이 대표적 사례입니다.

물론 동학(천도교)이나 원불교, 증산교 등 민족종교들이 후천개벽을 내세우거나 불교의 《미륵상생경(彌勒上生經)》 등에 말법(末法) 시대에 미륵불이 출현해 용화세계(龍華世界)를 구현한다는 예언이 실려 있지만 이와는 차원이 다릅니다.

그리고 성경에도 심판의 날과 하늘나라 도래 등 종말론적 구절이 많이 등장합니다. 바울과 베드로는 데살로니가 전·후서와 베드로 전·후서에서 예수가 다시 온다는 약속을 강조했고, 사도 요한은 요한계시록을 통해 심판과 종말 과정을 예언하며 로마제국의 박해를 받는 소아시아 교회 관계자들을 격려합니다. 요즘 종말론을 주장하는 일부 신종교의 경우 14만4천 명 안에 들어가기 위해 직장과 학교를 그만두고 가출하거나 집을 팔아 재산을 헌납하는 등의 사례가 빈번하게 일어나고 있습니다.

이번에 물의를 일으킨 종교단체 교주가 코로나19 사태는 요한계시록에 기록된 계시와 예언이 이루어지는 과정에서 생긴 것이며, '결국은 하나님의 통치로 정복하게 된다. 약속의 말씀을 지키자.'라는 등의 발언을 한 것이 공개돼 국민의 분노를 사기도 했습니다. 물론 유대교 지도자들이 예수를 십자가 죽음에 이르게 한 것에서 보듯이 기성교단의 경직된 성경 해석과 이웃종교에 대한 배타적 자세 또한 이번 신종교 행태 못지않게 종교의 본질을 벗어난 것으로 볼 수 있습니다.

이렇듯 종교가 성직자들의 잘못된 판단으로 본연의 모습에서 이탈할 때 오히려 사회적 해악을 끼칠 수 있습니다. 더구나 대부분의 종교가 이성보다는 믿음에 의탁하다 보니 신도들이 혼란을 겪게 됩니다. 그러나 하나님은 요즘 신도들이 생각하는 것처럼 결코 자신을 믿는다거나 열심히 간구하는 신도들에게만 손을 내밀지 않는다는 것입니다. 하나님은 공정하고 공평한 분이기 때문입니다.

이제 종교가 위기를 극복하기 위해서는 성인들의 가르침을 회복함으로써 종교 본연의 모습으로 다시 태어나는 길밖에 없습니다. 그리고 종교인들은 개인이나 교파, 종파의 시각이 아니라 종교 본질에 접근하는 방식으로 신앙의 패러다임을 완전히 바꿀 수 있어야 합니다. 그래서 종교인들이 더 이상 특정 교단에 예속된 사람이 아니라 종교의 한계를 딛고 올바른 진리를 찾아 당당히 자유로운 영혼의 주인공으로 나설 수 있어야 합니다.

왜 탈종교 현상을 불러왔나

요즘 종교계의 가장 큰 고민은 신자들이 떠나고 있다는 것입니다. 이는 종교가 불신당하고 있기 때문입니다. 왜 그럴까요? 이념과 종교는 신념을 밑바탕에 깔고 있다는 공통점이 있지만 믿음을 유난히 강조하는 종교로서는 지성과 합리성을 추구하는 현대인을 설득하는 것이 쉽지 않기 때문입니다. 여기다가 공산주의 패망에서 보듯이 이념이 인간을 잘못된 방향으로 이끌 수 있는 것처럼 모든 종교가 인간을 올바로 인도한다고 볼 수는 없습니다. 그런 점에서 기존의 교리나 신앙 지도 방법으로는 이성이 극도로 발달한 현대사회에서 신도들을 더 이상 붙잡아 둘 수 없다는 데 종교계의 고민이 있습니다.

그리고 종교가 미증유의 혼란을 겪고 있는 현대인들에게 신과 인간, 그리고 자연만물에 대한 새로운 가치관을 제시할 수 있어야 하지만 그럴 가능성이 없어 보입니다. 더구나 오늘날 종교가 달라지지 않는다면 탈종교 현상을 막을 수 없는데도 뾰족한 대안을 내놓지 못하고 있는 것이 현실입니다. 결국 그것은 종교가 성인들의 가르침을 토대로 새로운 비전을 제시하고 종교 본연의 모습을 회복하는 길밖에 없습니다.

종교의 효용성은 사라지는가

한국갤럽이 2019년 11월에 발표한 '한국인이 좋아하는 종교'에 대한 여론 조사결과(만 13세 이상 국민 1천700명을 대상으로 조사)를 보면 우리 국민 중 절반에 가까운 43퍼센트가 '좋아하는 종교가 없다'고 답한 것으로 나타났습니다. 여기서 '좋아하는 종교가 없다'고 답한 사람은 여성(37퍼센트)보다 남성(50퍼센트), 그리고 저연령층(13~18세 60퍼센트, 19~29세 61퍼센트)일수록 더 많았습니다. 이는 2014년과 비교하면 '좋아하는 종교가 없다'는 응답자가 5퍼센트 늘어난 것입니다.

종교계는 이번 조사에서 나이가 어릴수록 제도권 종교에 대한 거부감이 더욱 명확하게 나타나고 있다는 것에 대해 심각하게 받아들이고 있습니다. 전문가들은 이번 조사의 결과는 종교에 대한 효용가치를 현대인들이 인정하지 않고 있음을 보여주는 것이라고 말합니다.

그리고 기독교윤리실천운동이 2020년 2월 1천 명을 대상으로 실시한 '2020년 한국교회의 사회적 신뢰도 여론조사'에서 한국교회를 불신한다는 응답(63.9퍼센트)이 신뢰한다는 응답(31.8퍼센트)보다 두 배가량 높았습니다. 우리 국민 3명 중 2명은 한국교회를 신뢰하지 않는다는 것입니다. 특히 목회자를 신뢰하지 않는다는 비율이 68.0퍼센트에 이르렀습니다.

종교 인구가 줄어들고 있다는 것은 어제 오늘의 이야기가 아닙니다. 미국의 시사주간지 뉴스위크는 2009년 4월 '기독교 국가 미국의 쇠락'이란 기사와 함께 미국에서 기독교의 영향력이 크게 감소하고 있다고 보도했습니다.

독일의 경우 역시 2017년 10월에 발표한 기사를 보면 개신교 등록교인 2천 263만 명 가운데 80만8천 명, 즉 3.5퍼센트만이 예배에 참석한다는 것입니다. 유럽 교회의 탈종교 현상을 보여주는 대표적 사례입니다.

우리나라의 경우에도 통계청이 2016년 발표한 '2015 인구주택총조사 종교 인구 통계'에 따르면 종교 인구가 43.9퍼센트, 무종교인이 56.1퍼센트로서 무종교인 인구가 전체 인구의 절반을 넘어선 것은 통계청이 종교 인구를 조사하기 시작한 1985년 이래 처음이었습니다. 특히 불교 신도 비율을 보면 1995년 23.2퍼센트에서 2005년 22.8퍼센트, 2015년 15.5퍼센트로 줄어들었습니다.

오늘날 종교가 외면받고 있는 가장 큰 이유는 공동체의 이익보다는 개인의 신앙을 중요하게 생각하고, 교파나 종파, 개별 교단의 이익만을 앞세우고 있기 때문입니다. 종교는 그동안 여러 형태의 울타리를 치고 다른 집단에 대해서는 배타적 눈길을 보내거나 심지어 전쟁까지 서슴지 않았습니다.

그리고 오늘날 한국의 대형 교회가 비판받고 있는 이유는 하나님 이름으로 거둬들인 헌금을 개인이나 교단만을 위해 사용하는 등 재정관리가 불투명한데다 성직 세습과 불륜사건에 휩싸여 왔기 때문입니다. 유럽 교회 역시 탈종교 현상으로 몸살을 앓고 있는 것은 더 이상 젊은이들을 비롯한 신자들에게 새로운 비전을 제시하지 못하기 때문입니다.

그렇다면 종교가 시대흐름에 맞춰 어떻게 하면 본연의 모습을 회복할 수 있을까요? 종교의 본래 모습은 내가 누구인가를 알고 우리가 몸담고 있는 공동체의 번영을 위해 힘을 모으는 것으로 요약될 수 있습니다. 이것은 예수와 붓다, 공자 등 성인들이 인류에게 던진 가장 큰 화두입니다.

특히 예수는 하나님과 인간의 관계를 새롭게 제시하면서 누구나 차별없이 사랑으로 어우러져 살아가는 하늘나라 공동체를 제시했습니다. 붓다의 자비 정신이나 불국토 사상은 물론 공자의 인과 이상국가론도 이와 크게 다를 것이 없습니다. 성인들이 주창한 이상공동체는 서로 어진 마음으로 사랑하고 자비를 베풀 때 이뤄질 수 있습니다.

그런데 오늘날 종교인들이 성인들의 이러한 가르침을 외면하면서 탈종교 현상이 심화하고 있는 것입니다. 한마디로 세속인들의 눈에는 종교가 이기주의 집단으로밖에 보이지 않고 있습니다. 요즘 종교가 본연의 모습에서 이탈하고 있는 배경에는 종교지도자들의 잘못된 종교관도 큰 문제입니다. 그 중하나가 종교를 병적으로 따르게 유도하다 보니 정상적인 판단을 어렵게 한다는 것입니다.

즉 종교를 올바로 보고 참된 신앙인으로 이끌어가기보다는 광신적 중독 현상을 가져오게 하는 것이 젊은이들이 종교를 외면하는 이유 중의 하나입니다. 이러한 신앙 행태 가운데 가장 심각한 것이 자기 종교에 몰두한 나머지 이웃종교에 대해서는 배타적 성향을 갖게 한다는 것입니다. 그것이 결국 반종교 현상, 이를 테면 분열과 갈등, 분쟁 등을 몰고 왔습니다. 성인들이 가장 우려하는 것이 이러한 종교인들의 모습이 아닐 수 없습니다.

다시 말하면 각 종교가 자기 교인들을 우민화하고 있다는 것입니다. 이는 무조건 믿으면 복을 받는다거나 통제력을 상실할 정도로 종교적 행위에 집착하게 만드는 것을 말합니다. 한마디로 종교 근본주의자나 맹신자로 만들고 있습니다. 이러한 사람들은 대부분 타종교에 대해 공격적이고 배타적 성향을 보이게 됩니다. 예를 들면 자신이 추종하는 담임목사가 세습을 강행하는 행위를 비판하는 사람에 대해서까지 극단적 배타성과 폭력성을 드러내는 신자들도 이런 부류의 사람들로 볼 수 있습니다.

물론 한국 교회의 급속한 양적 성장 배경에는 이러한 사람들의 기여 부분도 없지 않다고 봅니다. 그러나 이제는 더 이상 자기 교단을 위해 물불을 가리지 않는 종교 이기주의는 통하지 않는다는 것입니다.

기독교는 대부분 열심히 교회에 다니고 많은 헌금을 하면 복을 받게 된다고 말합니다. 하지만 예수는 이웃을 내 몸같이 사랑하는 것이 가장 중요하다고 가르쳤습니다. 예수가 이 땅에 섬기러 왔고, 우리에게도 섬기라고 강조했습니다. 건강한 신앙은 타자와의 관계에서 살펴봐야 한다는 것입니다. 다른 사람에 대해 배타적이거나 공격성을 보일 때는 곧 병든 신앙으로 볼 수밖에 없습니다.

그리고 약자와 소수자에 대한 섬김과 사랑은 아무리 강조하고 실천해도 비난하는 사람이 없습니다. 결국 남의 아픔을 자신의 아픔으로 공감하게 하는 것이 아니라 개인의 구원에만 목을 매게 하면서 기독교는 구조적 위기를 초래하게 된 것입니다. 요즘 기독교는 이렇듯 예수의 가르침과는 정반대로 흘러가고 있습니다.

종교의 패러다임을 바꿀 때

현대사회는 과학의 영향력이 커지면서 무신론이 확산되고, 종교 역시 시대 흐름을 이끌어가기보다는 세속적 대중문화를 닮아가고 있습니다. 특히 종교가 대중문화처럼 자본주의에 포섭돼 점차 상품화하고 있습니다. 다시 말하면 현대사회에서 종교가 인간의 본질적인 문제를 놓고 고민을 하게 하는 것이 아니라, 그야말로 세속적인 삶에 편익을 제공하고 세속사회에서 개인의 경쟁력을 높이고자 하는 대중문화와 다름없다는 것입니다. 이는 곧 종교단체가 현대인의 고민을 해결해주는 것이 아니라 시세에 편승하여 자신의 이익을 챙기는 데 급급하다는 것을 보여주고 있습니다.

그리고 종교계 역시 개인주의와 무한경쟁을 앞세운 신자유주의의 바람으로 인해 교세 확장에 급급한 나머지 몸과 마음이 지칠 대로 지친 사람들에게 위로가 되지 못하고 있습니다. 오늘날 종교는 현대인들의 고통과 번뇌에 대해 아무런 답도 주지 못하고 있다는 것입니다.

다시 말하면 종교는 오늘을 사는 사람들의 삶을 보살피면서 그들의 상처를 어루만져주고 그들의 고민을 해결할 수 있어야 하지만, 오히려 세속인들로부터 '이게 종교냐!' 하는 조롱을 받고 있는 것이 현실입니다. 그런 점에서 이제 성장 제일주의에서 벗어나 진정한 신앙인을 양성하는 질적 성장에 초점을 맞추고 종교 본연의 모습을 회복하는 데 총력을 기울여야 합니다. 그것이 결국 종교의 위기를 극복하는 길이기 때문입니다.

결국 세상의 빛과 소금, 목탁이어야 할 종교가 길을 잃고 세상의 조롱거리로 전락한 데는 종교가 내세우는 성인들의 가르침과 정반대의 길을 가고 있기 때문입니다. 성인들은 서로 어진 마음으로 자비를 베풀고 사랑하라고 했는데도 종교인들은 아집에 사로잡혀 서로 미워하는 것입니다. 종교인들이 이렇게 편협하고 경직된 것은 전적으로 종교지도자들이 자신이 믿는 것이 최고이며, 신은 열심히 신앙하는 자기들 편이라고 울타리를 둘러치고 있기 때문입니다. 더구나 가난하고 상처받은 사람들을 보듬어야 할 종교가 물신주의에 깊숙이 발을 담그면서 가야 할 길을 잃었고, 성직자들은 맹신자들을 양산하는 데 급급할 뿐 참된 신앙인들을 양육하는 데는 아무런 관심도 없고 그러한 능력도 갖추지 못하고 있습니다.

특히 종교의 이름으로 포장된 성직자의 독선과 욕망이 도를 넘어 세상은 물론 신도들조차 외면하고 있다는 점입니다. 이는 결국 성직자들도 오늘날 종교가 가야 할 방향을 제대로 알지 못한 채 무조건 믿음만을 강조하는 현실을 적나라하게 보여주고 있습니다. 다시 말하면 한국의 종교계는 믿음이 좋아야 한다는 것만 강조할 뿐 이웃과 사회를 향하여 섬기고 봉사해야 하는 선행을 외면하고 있습니다. 종교의 이러한 폐쇄성과 경직성은 탈종교 현상에 불을 지르고 있습니다.

그래서 불교 기독교 천주교의 3대 종단 55개 시민단체가 참여한 종교개혁선언 추진위원회가 2017년 종교개혁선언에서 지적했듯이 △돈의 힘에 굴복한 물신 종교 △권력과 유착관계를 맺은 정치 종교 △성직자와 수행자, 남성이 모든 것을 독점한 권위 종교 △세상과 소통하지 않는 자폐 종교 △주술의 정원에 머물고 있는 퇴행 종교 △이웃종교의 진리를 인정하지 않는 독단 종교 △노동과 구체적 사회현실을 외면한 관념 종교를 거부해야 합니다. 그 대신에 △자비와 사랑의 종교 △창조적 비판자로 남는 자율 종교 △깨달음의 종교 △합리성의 종교 △공동체의 종교 △열린 종교를 지향해야 합니다. 결국 성찰과 혁신, 연대를 통해 종교의 위기를 기회로 전환해야 한다는 것입니다.

지금은 종교 적폐청산을 위한 진정한 개혁이 절실한 때입니다. 종교개혁이 없이는 사회개혁은 불가능하다는 점에서 이제 무엇을 어떻게 바꿀 것인가에 진지한 고민이 있어야 합니다.

그것은 성인들의 가르침을 올곧게 세워 누구나 차별없이 행복하게 살아가는 공동체를 실현하는 데 관심을 가지는 것입니다. 종교는 참으로 개혁하지 않으면 더 이상 살아날 길이 없습니다. 여기서 개혁은 신앙의 본질을 되찾는 데 목표가 있습니다. 그러기 위해서는 종교 패러다임의 변화가 선행돼야 합니다. 결국 종교가 왜 존재하느냐에 대한 근본적 성찰에서부터 시작해야 한다는 것입니다.

그런데 절대·유일·불변의 하나님은 오늘날 기독교인들이 내세우는 하나님과는 달리 공명정대하고 원리·원칙적이며, 누구나 차별없이 사랑하는 분입니다. 하나님은 자신을 열심히 믿는다거나 많은 헌금을 했다고 해서 더 사랑하는 분이 아니라 하나님이 사랑하지 않을 수 없고, 도와주지 않을 수 없는 마음을 가지고 있는 사람에게 함께하게 됩니다. 다시 말하면 남에 대한 증오와 갈등, 탐욕이 가득 차 있는 사람, 자기주장이나 자기 교파만이 최고라는 아집에 사로잡혀 있는 사람에게는 하나님이 도저히 파고들 틈이 없다는 것입니다. 그래서 성인들은 자비로운 마음으로 남을 사랑하고 자비를 베풀어야 한다고 강조했습니다.

오늘날 종교가 위기에서 탈출할 수 있는 유일한 길은 종파나 교파의 담을 뛰어넘어 자신보다 남을 먼저 배려하는 열린 마음으로 신앙의 패러다임을 전환하는 것입니다. 그래서 어느 종교에서 신앙을 하든 종교 본연의 모습을 보여줄 때 참된 종교인으로 거듭 태어날 수 있습니다. 코로나19 사태는 종교계에는 위기이자 기회입니다. 결국 종교가 달라지지 않으면 탈종교 현상을 돌려놓을 수 없을 뿐만 아니라 몰락의 길을 갈 수밖에 없다는 것을 보여주고 있습니다.

종교와 집단이기주의

　종교가 세속적인 것을 닮아가고 있는 대표적 사례가 집단이기주의에 물들어 있다는 점입니다. 성인들의 주장과는 달리 개인 구원에 치중하다 보니 이웃들은 안중에도 없을 뿐만 아니라 종교계에도 신자유주의 바람이 불어닥치면서 무한경쟁의 성장 제일주의가 교단을 오염시켰습니다. 여기다가 교파이기주의로 인해 이웃종교와는 높은 담을 쌓았고, 교리 다툼으로 분열이 거듭되고 있는 것이 종교계의 현실입니다.

　종교계가 집단이기주의에 물든 것은 종교 본연의 역할을 하지 못하고 있음을 방증하는 것입니다. 특히 그동안 종교가 그럴듯한 명분을 내세우면서 신도들을 끌어들였지만 겉과 속이 다른 이중적 행태를 보여온 것은 성직자나 교단이 이기주의에 매몰됐기 때문입니다. 다시 말하면 종교계에 성직 세습이나 불투명한 재정 관리 등으로 인한 잡음이 끊이질 않는 것에서 보듯이 신(神)이나 성인들보다는 인간 중심으로 모든 것을 판단하면서 여느 세속적 집단과 마찬가지로 한계에 봉착하고 있습니다.

왜 종교는 서로를 적대시하는가

현대사회는 제4차 산업혁명으로 인해 융합과 탈경계, 초연결사회로 진입하고 있지만 아직도 종교계는 이러한 시대흐름과는 동떨어진 채 별다른 변화의 조짐을 보이지 않고 있습니다. 그 대표적 사례가 자기들이 믿는 것이 최고라면서 아집에 빠져 서로 벽을 쌓고 살아가고 있는 것입니다. 그러다 보니 이웃종교를 적대시하는 시대착오적이고 근본주의적 모습을 보여주고 있습니다.

과연 자신들이 믿는 것이 최고라고 할 수 있을까요? 그것은 종교의 본질을 모르기 때문에 오는 현상입니다. 기독교계에는 진리 수호의 파수꾼처럼 행세해온 근본주의자들이 있습니다. 이들은 다른 교파에 대해 배타적입니다. 현재 사회문제화하고 있는 교회 세습에는 관대하지만 교단과 다른 의견을 제시하면 단칼에 목이 달아납니다.

감리교신학대학교 학장이었던 변선환(1927~1995) 교수가 '교회 밖에도 구원이 있다'는 종교다원주의 입장에서 누구보다 적극적으로 불교와의 대화를 추진한 것이 빌미가 되어 1992년 감리회에서 목사 자격과 신자 지위를 박탈당하고 제명된 사건이나, 한국이 낳은 세계적 신학이라고 할 수 있는 민중신학의 거두인 서남동(1918~1984) 교수가 1970년 통일교회의 《원리강론》에 대해 '종교적 상상력과 독창성에 있어서 최고'라고 신학적 평가를 한 것이 개신교계 반발을 사면서 재임하던 연세대학을 떠나게 된 것이 종교 본질을 벗어난 대표적 사례입니다. 2006년 이찬수 강남대 교수 해임이나 2017년 손

원영 서울기독대학 교수 파면 사건도 마찬가지입니다.

자기가 속한 교단만을 위해 봉사하지 않는다면 지성인이나 성직자들조차도 이 땅에서 발을 붙일 수 없다는 것을 보여주고 있습니다. 신앙적 양심에 따라 다른 종교와 우호적 관계를 유지해온 것이 강단을 떠나게 만드는 빌미로 작동한다는 것은 한국 종교계에서나 있을 수 있는 사건입니다. 다원화된 사회에서 종교 간의 대화나 만남은 어느 종교이든 적극 권장해야 할 내용이지만 한국 교회에서는 통하지 않았습니다.

이런 반종교적인 행태가 일어나는 것은 예수나 붓다 등 성인들의 가르침과는 달리 자신들만이 최고라는 아집과 자기가 가진 것을 하나도 내려놓지 않으려는 이기심 때문입니다. 현재 최대 교단인 장로교가 신사참배와 친일 청산, 세계교회협의회(WCC) 가입 등 여러 이유로 수많은 교파로 분열된 것은, 진리 수호라는 그럴듯한 명분을 내세우지만 현실적으로는 자기 세력의 확대를 위한 세속적 자리다툼이 가장 큰 배경임을 부인할 수 없습니다. 그렇게 서로 갈라서더라도 세월이 흐르고 일정한 교세가 확보되면 신학자들을 내세워 교단으로서 모양새를 갖게 됩니다.

다시 말하면 서로 이해관계에 얽혀 분열이 되더라도 어느 정도 세력을 갖추게 되면 교단으로 자리를 잡게 된다는 것입니다. 그 뒤에는 신종교나 타종교에 대해 '이단 사냥'에 열중합니다. 예수를 이단으로 정죄한 유대교의 바리새적인 독단적 태도로 자기 교단과 다른 주장을 펴는 이들에게는 이단으로 내몰고 있다는 것입니다. 이러한 배타적이고 독선적 모습 때문에 예수와 같은 개혁적 인물의 등장은 불가능합니다. 특히 현재 종교의 한계를 극복할 수 있는 대안적 교리나 사상은 이러한 풍토에서는 기대하기 어렵다는 것입니다.

더구나 믿음으로 모든 것을 해결하려는 요즘 신앙 풍토에서는 새로운 것이 비집고 들어올 틈이 없습니다. 결국 성경에 대한 새로운 해석 방법이나 기존의 교리를 뛰어넘어 참신한 주장을 펴게 될 때는 '이단'으로 몰릴 수밖에 없는 것이 한국 종교계의 현실입니다.

그러나 종교 본질적 차원에서 본다면 정통이나 이단을 구분하는 것은 아무런 의미가 없습니다. 그래서 함석헌은 "이단은 없다. 누구를 이단이라고 하는 맘만이 이단이라면 유일한 이단일 것이다."라고 지적합니다. 오히려 종교를 이용하거나 신 혹은 성인들을 내세워 자기 이익을 챙기는 사람이 이단이라고 볼 수 있습니다. 요즘 직업 종교인들이 성직을 세습한다거나 불륜으로 지탄받는 성직자, 신의 이름으로 모은 헌금을 사적으로 횡령하는 교단이 이단의 대표적 사례입니다. 성인들의 가르침과는 정면으로 배치되는 것이기 때문입니다.

그렇다면 성인들의 가르침과는 달리 정반대로 살아가는 성직자들을 이단으로 보게 될 경우 참된 성직자 혹은 종교인은 누구일까요? 성직자는 예수가 비유로 강조한 것처럼 '말씀을 뿌리는'(마가복음 4:14) 사람들입니다. 그런데 그 말씀의 씨를 뿌리더라도 "세상의 염려와 재물의 유혹과 그밖에 다른 일의 욕심이 들어와 말씀을 막아서 열매를 맺지 못한다."(19절)고 밝힌 것처럼 성직자나 종교인들이 탐욕에 눈이 멀어질 경우 그 말씀은 자신들과 상관이 없고 결실을 맺을 수 없다는 것입니다.

그리고 예수는 "나무는 각각 그 열매를 보면 안다."(누가복음 6:44)면서 선한 사람이나 악한 사람이나 "마음에 가득 찬 것을 입으로 말하는 법이다."(45절)라고 강조했습니다. 예수는 이어 "어찌하여 너희는 나더러 '주님, 주님!' 하면서도, 내가 말하는 것은 행하지 않느냐?"(46절)고 질타하면서 "내 말을 듣고서도 그대로 행하지 않는 사람은, 기초 없이 맨 흙 위에다가 집을 지은 사람과 같다. 물살이 그 집에 들이치니 그 집은 곧 무너져 버렸고, 그 집의 무너짐이 엄청났다."(49절)고 비유로 자신의 가르침을 그대로 지키지 않는 것에 대해 우려했습니다.

예수는 십자가의 고난을 당하는 자리에서도 "내 뜻대로 되게 하지 마시고, 아버지의 뜻대로 되게 하여 주십시오."(누가복음 22:42)라고 말하면서 하나님의 뜻대로 살고 하나님에게 모든 것을 내맡겼습니다. 이것이 참된 성직자, 종교인의 길이 아닐 수 없습니다.

종교 본연의 모습을 회복할 때

오늘날 기득권 세력들이 입 모아 비판하는 신종교보다 기성종교가 바른 길을 가고 있을까요? 꼭 그렇지만은 않습니다. 요즘처럼 신종교에 대해 무조건 알레르기 반응을 보인다면 예수가 이 땅에 다시 오더라도 그를 받아들일 종교나 종교인은 없을 것입니다. 당시 예수는 기득권층에게는 혹세무민하고 체제를 부정하는 급진적 개혁주의자였을 뿐입니다. 유대교 지도자들은 예수를 "모세의 율법을 훼손하고 자신을 하나님의 아들이라고 칭한다."고 주장하면서 신성 모독죄로 고발했습니다. 빌라도 총독이 예수가 십자가에 달려 처형

될 때 죄패에 '유대인의 왕'이라고 적은 것처럼 로마 당국은 하늘나라의 도래를 주장하는 예수를 로마 황제의 통치를 부정하는 반체제인물로 생각했습니다.

예수는 가난하고 억눌린 사람들의 친구가 됐고, 유대교의 종교적 기득권을 정면에서 부정하고 공격했습니다. 특히 예수의 삶 가운데 극적인 상황은 예루살렘에 입성하여 성전 뜰에서 소와 양과 비둘기를 파는 사람들과 돈을 바꾸어 주는 사람들이 앉아 있는 것을 보고 그들을 모두 성전에서 내쫓고, 환전상의 돈을 쏟아버리고, 상을 둘러엎었던 사건입니다.

예수는 그들이 어떤 권위를 가지고 이런 일을 하는지 그 표징을 보여 달라고 하자 "이 성전을 허물어라. 그러면 내가 사흘 만에 다시 세우겠다."(요한복음 2:19)고 합니다. 예수의 이러한 행동은 반기득권 운동이자 반체제 운동으로 비춰질 수밖에 없었습니다. 결국 기득권층은 예수를 받아들이지 못한 것입니다.

그런데 요즘 기독교는 예수가 이스라엘 민족에게 하나님의 갈급한 뜻을 전달하고 사회개혁을 위해 목숨을 걸었던 것과는 달리 자기들의 이익을 챙기는 데 급급합니다. 그러다 보니 종교 자체에 대해 불신하는 사람들이 늘어나고 신에 대한 비판도 대두되고 있습니다. 종교인들 때문에 종교로 향하는 길을 막는 상황이 벌어지고 있습니다.

영국 옥스퍼드대학 석좌교수 리처드 도킨스는 《만들어진 신》에서 종교가 없는 세상에서는 자살폭파범이나 9·11테러, 런던 폭파테러, 십자군, 마녀사냥, 이스라엘·팔레스타인 분쟁, 유대인에 대한 뿌리 깊은 감정, 북아일랜드 분쟁 같은 사태도 일어나지 않았을 것이라고 나열합니다. 역사적으로 볼 때 종교가 저지른 잘못은 헤아릴 수 없을 만큼 많습니다. 그것은 하나같이 신을 앞세운 집단이기주의 때문입니다.

교황 우르반 2세가 1095년 프랑스 클레르몽에서 개최된 종교회의에서 "하나님의 정의를 위해 싸우다 쓰러지는 자에게는 죄 사함이 있으리라."고 선동하면서 십자군 전쟁에 참여할 것을 독려한 것과 마찬가지로 종교지도자들은 자기들의 야욕을 성취하기 위해 신을 철저히 이용했습니다. 결국 그들은 입으로 사랑을 말하면서 신을 내세워 자신의 이익을 챙기는 데 급급했던 것입니다.

지금 종교가 대중을 걱정하는 시대가 아니라 대중이 종교를 걱정해야 하는 시대가 된 것은 성스러워야 할 종교가 세속화하였기 때문입니다. 여기다가 인간의 심성을 정화시키고 영육 아우른 구원의 길로 이끌어야 할 종교가 오히려 인간에게 해를 끼치고 있다는 목소리가 높은 것은 종교가 본연의 역할을 하지 못하고 있기 때문입니다. 특히 성직자들의 비리와 세습 논란, 교권 다툼, 성적 타락 등으로 기독교가 비판의 도마에 자주 오르내리는 것 역시 종교가 세속 집단과 다르지 않다는 것을 보여주는 것입니다.

그리고 요즘 젊은이들이 종교를 외면하는 것은 믿음과 영적 구원에 매달리고 있기 때문입니다. 이것이 일부 한국 대형 교회들이 성장할 수 있었던 토양이다 보니 지금도 그대로 답습하고 있는 것입니다. 결국 젊은이들이 종교를 외면하는 것은 이들이 무신론에 열광한다기보다 정당성과 가치를 상실한 구태의연한 종교를 떠나 진정한 자아를 찾고자 하는 마음이 크기 때문입니다.

종교는 삶의 방향을 알려주는 내비게이션 같은 것이지만 오늘날 종교는 그러한 역할을 하지 못하고 있는 것입니다.

그래서 이제 종교는 성인들의 가르침을 말로만 내세울 것이 아니라 실천해야 합니다. 말씀이 육신이 된 '성육신 사건'(요한복음 1장, 요한1서 1장)처럼 성인들의 말씀을 일상생활에서 재현해야 합니다. 그리고 성인들의 말씀이 우리 생활에서 체화가 될 때 하나님과 일체가 되어 하나님이 머무를 수 있는 성전(聖殿)이 되는 것입니다. 여기서 하나님과 일체가 되면서 성전이 된다는 것은 하나님의 뜻대로 산다는 것이고, 성인들이 이루고자 한 세상을 만들기 위해 노력하는 것을 말합니다. 이것이 종교가 지향해야 할 본래의 모습이고 참된 종교인의 길입니다.

예수는 갈릴리의 작은 산 위에서 제자들과 군중에게 종교의 본질에 대해 설교를 합니다. 이른바 산상수훈(山上垂訓, 마태복음 5~7장)이라고 알려진 이 설교는 '팔복(八福)'을 서두로 사회적 의무, 자선행위, 주기도, 금식, 이웃사랑 등 주옥 같은 가르침으로 이뤄져 있으며, 특히 종교인은 말과 행동이 하나돼야 한다는 것으로 결론을 맺고 있습니다.

특히 예수는 "나더러 '주님, 주님' 하는 사람이라고 해서, 다 하늘나라에 들어가는 것이 아니다. 하늘에 계신 내 아버지의 뜻을 행하는 사람이라야 들어간다."(마태복음 7:21)고 언급합니다. 예수의 이름으로 예언과 축귀, 기적을 행한다고 하더라도 '내 말을 듣고 그대로 행하는 사람'이 아니라면 '불법을 행하는 자'가 된다고 강조합니다. 이는 말과 행동이 다른 오늘날 종교인들에게 주는 강력한 경고입니다.

종교는 삶의 본질에 대해 말합니다. 성인들은 인간이 누구인가를 밝히면서 우리 인간이 해야 할 과제에 대해 가르쳤습니다. 그런데 수천년에 걸쳐 수많은 사람이 따랐던 성인들의 가르침이 아니고서는 이 세상이 바르게 갈 수 없다는 데 문제가 있습니다.

다시 말하면 성인들의 가르침만큼 온 인류가 차별없이 행복하게 살아갈 수 있는 길이 없다는 점입니다. 성인들의 가르침은 사랑과 자비, 인(仁) 등 모두 평화롭게 살아갈 수 있는 길을 제시한 것이며, 선업(善業)을 쌓을 때 이 세상만 아니라 내세에서도 행복을 누리면서 살아갈 수 있다는 것입니다. 그런 점에서 종교인들이 자신들이 추앙하는 성인들의 가르침을 실천할 때 더 나은 세상은 오지 않을 수 없습니다.

성인들의 꿈이 이뤄지지 않은 까닭은

예수와 공자, 붓다, 소크라테스 등 4대 성인이 지금까지 추앙을 받아온 것은 누구에게나 궁금증을 불러일으키는 신(神)과 인간, 우주의 근본문제에 대한 해법을 제시했기 때문입니다. 그래서 후세인들은 종교를 통해 그들의 가르침을 받들고 있습니다.

그런데 지금도 성인들이 꿈꾼 세상이 이뤄지지 않는 것은 종교인들이 그들의 가르침을 제대로 실천하지 못하고 있기 때문입니다. 더구나 종교가 오히려 세상의 짐이 되고 있는 것은 어진 마음(仁)으로 인간을 사랑(愛)하고 자비(慈悲)를 베풀면서 누구나 차별없이 행복하게 살아가는 세상을 만들어야 한다는 성인들의 가르침을 외면한 채 이기적 집단으로 전락했기 때문입니다.

따라서 오늘날 인류가 직면하고 있는 갈등과 분쟁, 더 나아가 요즘 인류를 위협하는 집단감염증에서 벗어나기 위해서는 종교 본연의 모습을 회복하고 성인들의 가르침을 시대흐름에 맞춰 되살리는 길밖에 없습니다. 그것이 인간 본연의 모습대로 행복을 누리면서 살아갈 수 있고 성인들의 꿈인 이상사회를 실현하는 지름길입니다.

성인들의 도전적 삶

돌이켜보면 4대 성인들의 삶은 하나같이 순탄치 않았습니다. 대부분 불우하고 가난한 집에 태어났거나 모든 사람이 차별없이 행복을 누리는 이상사회를 실현하기 위해 급진적 개혁에 나서다 보니 기득권 세력들의 반발에 부닥치면서 고난을 받게 됐기 때문입니다.

고대 그리스 철학자인 소크라테스는 플라톤과 같은 많은 제자를 교육하지만 그의 활동이 아테네 법에 위배된다고 하여 사형을 당하게 됩니다. 당시 아테네는 민주주의 세력과 귀족주의 정파 간의 갈등으로 사회는 혼란을 겪고 있었습니다. 아테네가 펠로폰네소스 전쟁에서 패배하면서 귀족주의 세력이 힘을 얻었지만 민주주의 정권이 자리를 잡으면서 소크라테스를 귀족주의의 본보기로 처형했습니다.

비록 현실정치에 직접 참여하지는 않았으나 그의 이론이 민주주의를 비난하는 것처럼 보였고, 제자와 친구들 상당수가 귀족주의 편에 서 있었기 때문입니다. 결국 그는 신성모독과 청년들을 현혹한다는 죄목으로 사형 판결을 받아 독이 든 잔을 들게 됩니다.

소크라테스는 그리스의 유물론적인 자연철학에 대립하면서 "너 자신을 알라."는 말을 토대로 초월적인 '영혼'에 대해 깊게 생각하면서 삶의 온당한 방법을 아는 것이 지식의 목적이라고 가르쳤습니다. 즉 인간 스스로의 무지에 대한 자각과 문답법을 이용한 내면적 탐구는 고대의 철학적 관점이 자연에서 인간으로 옮겨가는 계기가 됐습니다. 그런데 소크라테스의 현인(賢人)에 의

한 통치를 내세운 것이 민주주의 정부에 대한 위협으로 비쳐졌던 것입니다.

붓다와 공자, 소크라테스가 기원전 5세기 무렵에 활동하면서 인류 역사상 정신문화의 최전성기를 꽃피웠던 것과는 달리 예수는 기원전 4~5년에서부터 기원후 30년 무렵까지 활동했습니다. 그런데 예수는 아직 남자의 경험이 없는 동정녀(童貞女) 마리아의 태중에 잉태돼 탄생하면서 세속적으로는 논란의 대상이 될 수밖에 없었습니다. 그리고 아무런 출산 준비 없이 호구조사 등록을 하러 갔다가 베들레헴의 마구간에서 태어났습니다.

더구나 탄생 뒤에도 헤롯왕의 유아 살해를 피해 이집트로 여행을 했다가 헤롯이 죽은 후 나사렛으로 돌아오게 됩니다. 여기다가 성인이 된 이후에도 "여우도 굴이 있고 하늘을 나는 새도 보금자리가 있으나 인자는 머리 둘 곳이 없다."(마태복음 8:20)고 말할 만큼 외롭고 힘든 생활을 지속한 것으로 보입니다.

예수는 새로운 세상인 하늘나라의 도래를 선포하고 피지배계급의 해방을 주장하면서 유대교 지도자들과 로마 식민주의자들의 눈 밖에 나게 됐습니다. 당시 로마의 지배에 협력해온 사두개파와 바리새파와는 달리 이스라엘 민족 중에서도 가장 억압과 차별을 받아온 갈릴리 지방의 열심당이나 황야에서 은둔적인 공동생활을 하면서 메시아의 출현을 기다린 에세네파와 손을 잡게 됩니다. 그러다 보니 스스로 왕을 참칭하고 반체제 활동을 했다는 죄목으로 총독 빌라도에 의해 십자가형에 처해집니다.

공자도 아버지 숙량흘이 정식 결혼을 하지 않은 채 낳은 아들로서 세 살 때 아버지를 잃고 편모슬하에서 성장합니다. 그러다 보니 공자는 가난에서 벗어날 수 없었고, 창고 관리와 축사지기 노릇을 하면서 19세에 결혼을 합니다. 그런데 공자는 오랜만에 현실정치에 참여하면서 56세에 재상의 자리에 오르게 되지만 권력 다툼에 염증을 느끼고 14년 동안 이상국가 실현의 꿈을 이루기 위해 천하를 주유합니다. 결국 공자는 정치에 대한 환상을 포기하고 낙향해 제자들을 가르치며 여생을 보내게 됩니다.

그리고 붓다는 인도와 네팔의 국경 지역에 있던 조그만 왕국에서 태어났지만 어머니 마야 부인은 생후 7일 만에 병으로 세상을 떠나게 됩니다. 그 후 이모에 의하여 양육됐고, 당시 풍습에 따라 16세에 결혼한 뒤 아들도 얻게 되지만 인생의 밑바닥에 잠겨 있는 괴로움의 문제와 직면합니다.

즉 궁궐 밖에 나갔다가 병이 들어 괴로워하는 사람, 늙어서 기운이 없는 사람, 죽어서 화장터로 옮겨지는 사람, 걸식생활을 하면서 진리를 찾는 수행자들을 보면서 인간이라면 누구나 늙고, 병들고, 죽음의 고통을 겪는다는 것을 깨닫게 됩니다. 그래서 붓다는 29세 때 고통에 대한 본질 문제를 해결하고 해탈을 구하고자 처자와 왕자의 지위 등 모든 것을 버리고 출가를 단행합니다.

이렇듯 성인들은 불우한 환경을 극복하면서 보통사람과는 달리 인간과 우주에 대한 근본문제를 해결하고 이 땅에 누구나 자유롭고 행복하게 살아갈 수 있는 이상사회를 건설하기 위해 자신의 생애를 바친 분들입니다. 그런데 성인들은 살아가는 모습은 달랐지만 그들의 가르침은 크게 다르지 않습니다. 공자는 인(仁), 붓다는 자비, 소크라테스는 진리, 그리고 예수는 사랑을 가르쳤습니다.

성인들은 누구나 행복하게 살아가기 위해 나름대로의 해결 방법을 제시했습니다. 즉 소크라테스는 철학에서 찾았으며, 예수는 하나님을 새롭게 발견하고 하늘나라 실현에 자신의 목표를 두었습니다. 그리고 붓다는 도(道)를 깨달음으로써 참된 자아에 이르는 것을 목표로 삼았고, 공자는 도덕이 밑바탕이 된 이상국가를 추구했습니다.

성인들의 이상실현은 요원한가

그렇다면 종교까지 만들어 성인들의 가르침을 따르겠다는 사람은 많은데 왜 그들이 목표했던 세상은 오지 않을까요? 그들의 가르침에 어떤 문제가 있는 것일까요, 아니면 그것을 따르는 사람들에게 문제가 있을까요? 물론 성인들이 살던 세상과 지금은 많이 달라졌고 복잡합니다. 그렇지만 그들의 가르침은 똑같은 인간이 살아가는 요즘 세상에도 그대로 적용될 수밖에 없습니다. 그것은 인간관계와 이상사회 실현의 방안에 대한 가르침이 중심이기 때문입니다.

예수가 으뜸 되는 계명이 무엇이냐는 율법학자의 질문에 대해 "'네 이웃을 네 몸같이 사랑하여라.' 이 계명보다 더 큰 계명은 없다."(마가복음 12:31)고 말한 것처럼 사랑은 2천년 전이나 지금이나 모든 인간이 서로 미워하지 않고 배려하며 조화롭게 살아갈 수 있는 가장 기본적 조건입니다. 그리고 붓다의 핵심적 가르침인 자비는 중생에게 즐거움을 주고 괴로움을 없게 할 뿐만 아니라 수행의 완성을 위하여 닦아야 할 가장 중요한 덕목입니다. 공자의 핵심 사상인 인(仁)은 사랑의 유교식 표현이라고 볼 수 있습니다. 사랑이 부모에게 미치면 효(孝)가 되고, 형제에게 미치면 우(友)가 되며, 나라에 미치면 충(忠)이 되는 것입니다. 이것은 모두 어떻게 하면 올바른 인간관계를 가질 수 있는가 하는 것을 말해주고 있습니다.

그런 점에서 성인들의 가르침을 오늘날에 되살리기 위해서는 올바른 인간관계를 어떻게 하느냐 하는 것이 중요합니다. 즉 남과 올바른 관계를 가지기 위해서는 남을 나보다 먼저 생각하고 남을 위해 자신을 과감히 희생할 수 있느냐에 달려 있습니다. 그리고 평화로운 세상을 실현하기 위해서는 남을 먼저 배려하고 남을 위해 살아갈 때 미움이나 갈등, 분쟁을 근원적으로 해소할 수 있기 때문입니다. 결국 우리 인류의 최대 과제는 서로 사랑하면서 누구나 행복하게 살아가는 세상을 만드는 것입니다.

우리가 어떻게 하면 성인들이 꿈꾼 세상을 실현할 수 있을까 하는 것에 대해서는 우선 붓다에게 해답을 구할 수 있습니다. 그것은 모든 인간이 서로 사랑하는 세상을 만들기 위해서는 먼저 자신의 모든 것을 내려놓음으로써 남을 배려할 수 있는 마음을 가져야 한다는 것입니다.

붓다는 이처럼 다른 성인들보다도 근본적 치유책을 내놓았습니다. 붓다가 정각(正覺) 이후 일찍이 고행을 같이하였던 5명의 수행자에게 설법을 한 것이 중도(中道)와 사제(四諦), 팔정도(八正道) 등입니다. 이들 사상의 핵심은 고통에서 벗어나기 위해서는 탐욕을 내려놓아야 한다는 것입니다. 그럴 때 절대평화와 절대자유, 그리고 해탈의 경지에 이를 수 있다는 것입니다. 그래서 붓다는 모든 것을 내려놓고 참된 자아를 발견할 때 자연스럽게 자비를 베풀게 된다고 가르쳤고, 실제로 그러한 길을 갔습니다.

따라서 붓다의 가르침대로 올바른 깨달음을 통해 참된 인간이 된다면 사랑을 펼칠 수밖에 없고, 이러한 인간이 가정을 꾸리게 될 때 참된 가정이 되는 것입니다. 그리고 참된 가정이 확대될 때 참된 사회·국가·세계가 실현될 수 있습니다. 그런 점에서 자신이 누구인가를 올바로 깨달아 참된 사람이 되는 것이 무엇보다도 우선돼야 합니다. 다시 말하면 참사람이 되지 않고서는 진정한 사랑을 실천할 수 없고, 참사랑이 전제되지 않는다면 참된 가정과 참된 사회·국가·세계가 이뤄질 수 없다는 것입니다.

이렇게 볼 때 각자 개성을 완성한 참된 사람이 됨으로써 참사랑을 실천하게 하는 것이 종교의 일차적 목표가 되지 않을 수 없습니다. 오늘날 종교인들이 겉으로는 사랑을 내세우면서도 실제 행동이 다른 것은 참된 사람이 되지 못한 탓입니다.

마찬가지로 공산주의가 짧은 기간에 세계를 휩쓸었지만 70여년 만에 끝내 막을 내린 것도 공산주의를 이끌던 인간 자신의 문제에서 그 원인을 찾아야 합니다. 그래서 모든 체제나 사상이 올바로 뿌리내리기 위해서는 먼저 그것을 이끌어가는 인간이 사사로운 탐욕에서 벗어나 올바로 설 수 있어야 합니다. 붓다가 깨달음을 통해 참사람이 돼야 한다고 강조한 이유도 여기에 있습니다.

그리고 성인들이 하나같이 유독 강조한 사랑은 무엇일까요? 그 사랑은 나 자신보다 상대를 먼저 생각하고 배려하는 것입니다. 그런데 지금까지 세상이 혼란을 겪어온 것은 모든 것을 자기중심으로 생각하고 판단하는 이기심 때문입니다. 이기주의는 자기만의 이익을 중심에 두고, 다른 사람이나 사회의 이익은 고려하지 않는 것을 말합니다.

자본주의사회의 가장 큰 병폐로 지목되고 있는 개인주의도 마찬가지입니다. 어느 개인이나 집단이든 자신의 이익에 눈이 어둡게 될 경우 필연적으로 갈등이 일어나게 됩니다. 지역 분쟁이나 전쟁은 그럴듯한 정의를 내세우는 경우도 있지만 그 첫 번째 배경은 무력을 통해 자기 집단의 이익을 쟁취하려고 하는 것입니다.

이와 반대로 애타주의(愛他主義)는 프랑스의 철학자 오귀스트 콩트가 처음 사용한 용어로서 이웃을 자기 몸과 같이 사랑하고(마태복음 22:39) 원수까지 사랑하라(누가복음 6:27)는 예수의 가르침과 일맥상통하는 사상입니다. 타인의 이익을 우선하는 이타주의(利他主義)도 마찬가지입니다. 불교의 '연기설'에 따르면 모든 사물이 하나의 거대한 그물망으로 연결돼 있기 때문에 하찮은 미물까지도 사랑할 수 있어야 한다는 것입니다. 즉 생물이든 무생물이든 생명의 가치는 동등하기 때문에 사랑으로 대해야 합니다.

불교에서는 이처럼 인간을 뛰어넘어 모든 존재를 똑같이 사랑해야 한다고 주장합니다. 그리고 사도 바울이 "사랑은 모든 것을 덮어주며, 모든 것을 믿으며, 모든 것을 바라며, 모든 것을 견딥니다."(고린도전서 13:7)라고 강조한 것처럼 나보다는 남의 입장에서 생각하고 남을 포용할 때 사랑이 꽃필 수 있습니다.

그런데 오늘날 성인들의 이러한 가르침이 빛을 발하지 못하는 것은 모든 것을 자기중심으로 생각하고 자기 이익을 우선하기 때문입니다. 따라서 아무리 좋은 사상이나 이념이 나오더라도 자기중심으로 판단하고 자기 이익을 앞세운다면 인간사회에 적용되기 어렵다는 것입니다.

그런 점에서 종교인은 말과 행동이 달라서는 안 됩니다. 즉 종교인들은 성인들의 가르침만 앞세울 것이 아니라 그것을 어떻게 실천할까 하는 것에 관심을 가져야 합니다. 그러기 위해서 무엇보다도 참된 인간이 되는 것이 선행돼야 합니다. 오늘날 격변기를 맞아 탈종교 현상이 나타나는 것도 종교가 본연의 역할을 하지 못하고 있기 때문입니다.

이제 개인보다는 남의 이익을 먼저 생각하고 공동체의 이익을 우선할 때 성인들의 가르침이 자리를 잡을 수 있을 것입니다. 그리고 그것이 개인은 물론 세계적 현안을 근본적으로 해결할 수 있는 지름길입니다.

제2부
전환시대 새 길을 연다

1장
위기의 사회, 변화를 요구하다

코로나19 사태가 보여준 제4차 산업의 진면목

전환기의 가장 큰 특징은 인간의 라이프스타일이 달라지는 것입니다. 요즘은 굳이 직장에 나가지 않더라도 집에서 회사의 업무를 처리하는 재택근무가 자리잡고 있는 것이 그러한 사례 가운데 하나입니다. 코로나19 예방조치의 일환으로 '사회적 거리두기'를 시행하면서 근무 패러다임을 바꿔놓은 것입니다. 코로나19 사태 이전에는 IT업계나 외국계 기업 정도에서만 이뤄지던 재택근무가 코로나19 사태로 인해 국내의 대기업과 일부 중소기업에까지 확산됐습니다.

그동안 제4차 산업혁명은 우리의 일상을 전혀 다른 모습으로 바꿔놓을 것으로 전망돼왔습니다. 명품 옷을 3D프린터로 제작해서 입고, 집에서 로봇을 통해 대학 강의를 들을 뿐만 아니라 에어 택시를 타고 하늘 위를 달리는 시대가 멀지 않아 찾아오게 되리라는 것입니다. 세상은 우리 생각보다 빠르게 발전하면서 지금까지 볼 수 없었던 신인류들이 자연스럽게 등장할 수밖에 없습니다. 이번 코로나19 사태는 제4차 산업혁명의 위력을 다시 한 번 확인하는 계기가 되고 있습니다.

급변하는 디지털 기술, 달라지는 세상

코로나19 사태로 인해 학생들이 온라인 학습에 들어간 것은 앞으로 학교 수업의 전면적 변화를 예고한 것입니다. 한국이 공교육장에서 원격수업을 시도한 첫 국가가 될 수 있었던 것은 2000년대 초반부터 사교육으로 인한 교육 불평등을 해소하기 위해 정부가 EBS 온라인학습 시스템을 지원해오는 등 많은 기술을 축적해왔기 때문입니다.

그리고 많은 학생이 인기강사의 인터넷 강의를 통해 실력을 쌓아왔습니다. 그동안 모든 교육과정이 국가주도형으로 이뤄졌지만 앞으로는 민간이 직접 주관하게 되고, 학교 수업이 사이버교육으로 대체된다는 점도 큰 변화 중의 하나일 것입니다.

다시 말하면 디지털 교육이 활성화하면서 교육의 주체는 교사와 학생으로 넘어가게 되고 교육부의 역할은 민간이 떠맡게 된다는 것입니다. 특히 뛰어난 교육기업이 디지털 콘텐츠 프로젝트를 기획하고 생산에 나설 경우 교육부는 지원만 하는 형태로 바뀌게 될 가능성이 커지고 있습니다.

교사가 수업에 대한 재량권을 갖고 학생들의 눈높이에 맞춘 교육실험이 이루어지게 되는 것은 두말할 나위가 없습니다. 우리가 여기서 주목해야 하는 것은 대면 교육이 아니라 온라인에 의해 모든 교육이 이뤄지면서 교육 시스템이 완전히 바뀌게 된다는 점입니다.

이번 코로나19 사태로 인해 일부 기업이 도입했던 재택근무가 더욱 활성화할 가능성이 커지고 있습니다. 다시 말하면 코로나19 사태가 진정되더라도 많은 기업이 재택근무를 계속 이어나갈 것으로 보입니다. 재택근무는 출퇴근 시간을 아낄 수 있고, 불필요한 회의를 줄이면서 업무의 효율을 높일 수 있는 등 긍정적 효과가 많습니다. 물론 집에서는 업무의 집중도가 떨어진다거나 보안상의 문제가 없는 것은 아닙니다.

그런데 이번에 코로나19 사태로 인해 '반드시 회사에 출근해야만 일이 되는 건 아니라는 사실이 입증됐다.'는 것이 대체적 반응입니다. 그래서 일부 기업에서는 직원들이 근무시간을 각자 탄력적으로 설계하고, 재택근무 인력과 사무실 출근 인력을 분산하는 유연근무제, 즉 스마트워크 체제를 도입할 계획입니다. 이렇게 재택근무가 활성화할 수 있는 것은 온라인 화상회의 시스템이 개발됐기 때문입니다.

그리고 일과 생활의 균형을 추구하는 '워라벨(Work-life balance)'을 회사의 핵심가치로 삼는 기업이 늘어나고 있는 것도 재택근무 도입을 촉진하는 이유입니다.

앞으로 원격진료 역시 활성화할 것입니다. 이번 코로나19 사태를 계기로 우리나라도 몸이 아파도 감염이 두려워 병원 가기를 꺼려하다 보니 1차 진료는 가능한 한 온라인으로 시행할 가능성이 커지고 있습니다. 원격진료가 제대로 시행된다면 환자가 훨씬 편리하게 의료서비스를 받을 수 있게 될 것입니다.

여기다가 산업생태계 전체가 달라질 수 있다는 전망도 제기되고 있습니다. 결국 코로나19 사태는 스마트폰이 발달하면서 모든 사회 시스템을 디지털 플랫폼을 기반으로 하는 '포노사피엔스'(스마트폰과 호모사피엔스) 문명으로 전환하게 되리라는 것입니다. 가상의 공간, 온라인과 디지털 플랫폼을 통해 통신과 쇼핑, 금융, 영화, 게임 등 필요한 모든 것을 해결해낼 수 있는 스마트폰을 신체 일부처럼 사용하는 신인류가 그 주역임은 두말할 나위가 없습니다.

코로나19 사태는 이처럼 우리의 생활환경을 전반적으로 바꿔놓았습니다. 인류는 2008년 글로벌 경제위기 이후 저성장과 저소비, 높은 실업률, 고위험 등 달라진 환경에 적응하면서 코로나19 사태를 계기로 새로운 표준을 만들어가는 '뉴노멀(New Normal) 시대를 살아가고 있습니다.

특히 세계경제가 저성장 국면에 진입함에 따라 가계들은 씀씀이를 줄이고, 정부는 고속 성장보다는 지속가능한 성장에 관심을 둘 수밖에 없는 상황에 처하게 되면서 우리의 삶도 새로운 모습으로 바뀌게 되는 것입니다. 이렇듯 달라지는 환경에 적응하면서 새로운 변화를 이끌어가는 신인류의 출현에 대해 우리는 주목해야 합니다. 우리가 시대흐름에 낙오자가 돼서는 안 되기 때문입니다.

디지털문명 시대를 살아가는 법

요즘 코로나19 사태로 인해 세계 주요 도시가 대부분 셧다운이 되는 충격적인 현실 앞에서 다가올 미래가 어떻게 바뀌게 될지 걱정하는 사람들이 많습니다. 뉴욕이나 파리, 서울처럼 거리마다 사람으로 가득했던 도시에 사람들이 모이지 않거나 외부에서 여행 오는 이들이 없게 될 경우 그 도시가 받을 타격은 가늠조차 할 수 없습니다.

그런데 치료제와 백신 개발로 코로나19 사태를 극복할 수는 있겠지만 그 이후 우리 인간들이 충격에서 벗어나거나 이전으로 돌아가는 것은 어려울 것입니다. 여기다가 유사한 전염병이 수시로 지구촌을 강타할 것이라는 전망도 나오는 만큼 우리의 삶은 전면적 변화가 불가피하리라고 봅니다.

이번 코로나19로 인해 위력을 발휘한 비대면, 즉 언택트(untact) 문화는 더욱 확산될 것입니다. 그리고 생산 현장에서 로봇을 사용하는 자동화 시설이 늘어나면서 일자리는 점점 줄어들 수밖에 없습니다.

특히 바이러스 감염에 대한 걱정으로 인해 판매자나 구매자 모두 사람이 개입되지 않고 로봇에 맡기는 비접촉 판매와 배달 방식도 더욱 선호되고 있습니다. 앞으로 멀지 않아 무인매장이 자리잡는 것은 불가피하리라고 봅니다. 이처럼 매장뿐만 아니라 많은 업무를 인공지능에 넘기는 기업도 늘어날 수밖에 없습니다.

그리고 서구의 도시들이 현대적인 하수처리 시스템을 갖게 되면서 19세기에 유럽을 괴롭혔던 콜레라와 같은 수인성 전염병을 막을 수 있었던 것처럼 앞으로 타인과의 접촉을 최소화하면서 코로나19와 같은 전염병에서 벗어나고자 할 것입니다. 따라서 비대면 접촉이 늘어나면서 우리 일상도 큰 변화가 올 수밖에 없습니다.

이번 코로나19 사태에 적극 대응할 수 있었던 것은 스마트폰 추적 애플리케이션(앱) 등이 개발됐기 때문입니다. 그래서 4차 산업혁명의 산물인 첨단 IT 기술이 코로나19 사태 이후 세계경제를 강력하게 끌고 가리라는 것을 다시 한 번 확인하는 계기가 됐습니다. 이처럼 디지털 문명이 인간의 가치관과 삶의 패턴을 빠르게 변화시키고 우리는 새로운 시대에 적응하면서 살아가고 있습니다.

제4차 산업혁명은 인터넷·소셜미디어와 같은 정보 생성·확산을 다루는 정보통신기술과 정보 분석·활용을 담당하는 인공지능기술로 대별됩니다. 그래서 21세기는 첨단정보통신기술에 의한 초연결은 물론 인공지능과 같은 초지능이 결합하여 기존의 어떤 산업혁명보다 더 광범위하고 더 빠른 속도로 사회 전반에 영향을 끼치게 될 것입니다.

그런데 정보통신기술이 만든 사이버 세상은 현실세계와는 달리 시·공간의 제한이 없고 익명성의 특성을 갖고 있습니다. 그러다 보니 상당 부분 거짓 정보와 가짜뉴스를 올리면서 또 다른 문제점이 드러나고 있습니다. 여기다가 자신이 보고 싶은 것만 보고 믿고 싶은 것만 믿는 확증편향성이 배타적 집단 의식을 강화하고 정치·사회적으로 이념적 양극화를 촉발하기도 합니다. 이렇게 진실이 무너진 사회는 오래갈 수 없다는 것을 인류는 오랜 역사를 통해 목격해왔습니다.

더구나 현대인들은 디지털 공간에서 솔직한 감정 표현보다 디지털 도구를 활용한 간접화법에 더욱 익숙하다 보니 '진짜 나'를 돌아볼 여유조차 갖지 못하고 있습니다. 과연 이모티콘 뒤에 숨어 있는 '진짜 나'의 모습은 무엇일까 하는 것입니다.

늘 누군가가 나를 감시하고 있다는 불안감에 싸여 있는 것이 소셜 네트워크 서비스(SNS) 사회에서 살아가는 현대인의 모습입니다. 결국 SNS로 인해 인간의 다원성은 확장됐지만 역설적으로 자기 자신의 진짜 마음을 들여다보는 기회는 갈수록 찾아보기 어려워지고 있습니다. 요즘 국내 서점가에서 철학, 심리학, 에세이, 명상 등 인문학 관련 서적이 꾸준히 인기를 끌고 있는 것도 디지털 문명시대에서 진짜 자신의 모습과 정체성을 찾고자 하는 사람이 많아졌기 때문입니다.

앞으로 세상은 21세기에 태어난 사람들이 이끌어갈 것입니다. 2000년 이후에 태어난 사람들은 이제 법적으로 성인이 되어 경제권과 투표권을 행사하며 이 사회에 큰 영향을 끼치는 인구 집단으로 새롭게 등장하게 된다는 것입니다. 2050년이면 우리 사회의 중추 세대가 될 이들은 새로운 정보를 습득하는 주된 창구가 책이 아닌 인터넷이었고, 활자 매체보다는 시각 매체, 특히 동영상에 익숙합니다. 그런 점에서 이들이 주도할 2050년이 되면 가장 일반적인 문화콘텐츠 매체는 책보다는 활자와 이미지, 동영상이 혼합된 복합미디어를 선호하리라는 것입니다.

우리는 이렇게 달라진 미디어 환경에서 교육받고 성장한 사람들이 어떤 가치관과 정서를 갖게 될 것인가에 관심을 가져야 합니다. 21세기 세대는 어릴 때부터 마치 숨 쉬는 공기처럼 자연스럽게 태블릿 등의 정보단말기를 이용하면서 성장했고, 3년 안팎의 단위로 계속 업그레이드되는 스마트폰의 성능 변화에도 익숙하다 보니 신기술에 대한 저항감이나 부담이 적고 새로운 시대흐름을 받아들이는 자세도 더 열려 있습니다.

더구나 2050년이면 자율주행차 같은 인공지능(AI)이 생활 깊숙이 들어오고, 인체에 기계장치를 부착하거나 컴퓨터 칩을 삽입하는 사이보그도 그 모습을 드러내리라 봅니다. 미래학자 레이 커즈와일이 2045년께 AI가 인간 지능을 넘어서는 시점인 '기술적 특이점'이 찾아오면서 신인류 시대가 도래할 것이라고 예측한 것이 현실화하게 될 것입니다.

이렇듯 사이보그 문명이 자리잡게 된다면 시대정신이나 삶의 방식은 크게 바뀌지 않을 수 없습니다. 물론 부(富)와 행복의 기준이 지금과는 크게 달라질 것입니다. 그때는 지상만이 아니라 우주시대가 개막되고, 육체만 아니라 정신세계에 대한 연구도 활발하게 진행되는만큼 우리가 생각하지 못했던 가치관의 확장이 이뤄질 수 있습니다. 그런 점에서 신인류가 만들어가는 미래에 대해 부정적으로만 볼 게 아니라 우리가 알지 못했던 세상에 대해 더욱 겸손하게 접근하고 새로운 시대흐름을 끌어안을 수 있는 지혜가 필요하리라고 봅니다.

격변기에 가장 적응하기 힘든 사람들이 종교인들입니다. 그들은 자기 종교가 최고라는 믿음 때문에 새로운 패러다임으로의 전환을 거부하기 때문입니다. 그러나 이제 종교인들도 예외가 아니라는 것이 드러나고 있습니다. 2천년 전 예수가 활동하던 당시 유대교 지도자들은 모세의 율법에 치우친 나머지 시대흐름을 읽지 못한 채 신앙의 본질을 놓쳐 버리고 말았습니다. 그러다 보니 예수가 안식일에 고통에 시달리는 환자들을 고쳐주는 것을 문제 삼았고, 예수가 식사 전에 손을 씻지 않는 것에 대해서도 못마땅해하고 이상히 여기기도 했습니다. 그러나 예수는 그들이 마치 진리처럼 떠받드는 금기들을 깨뜨리고 기존 관습과 규율들을 보란 듯이 무시하면서 사랑 중심의 뉴노멀을 만들어 나갔습니다.

예수가 제시한 뉴노멀이 지난 2천년 간 인류사회에 빛이 된 것처럼 요즘 신인류들을 중심으로 나타나는 뉴노멀 역시 인간의 삶에 대한 본질을 꿰뚫은 것이어야 합니다. 예수가 "하늘과 땅은 없어질지라도, 내 말은 절대로 없어지지 않을 것이다."(누가복음 21:33)라고 말한 것처럼 본질은 결코 달라질 수 없기 때문입니다. 다시 말하면 인간은 누구나 왜 살고 어떻게 살아가는 것이 행복한 것인가 하는 궁극적이고 근본적 문제의 해답을 찾고자 하기 때문입니다. 그런 점에서 신인류 역시 종국에는 인간의 본질문제에 천착하지 않을 수 없다는 것입니다.

경계를 넘다

세상은 가면 갈수록 끊임없이 높이 쌓아 올렸던 인위적 장벽이 무너지고 있습니다. 인류는 그동안 무한경쟁 사회에 살아가면서 자신들의 이익을 위해 각종 경계선을 만들고 장벽을 쌓아 올렸습니다. 우리 인간이 대대로 유지해 온 전통과 관습도 마찬가지입니다. 제4차 산업혁명 시대에 접어들면서 그러한 장벽들이 여지없이 무너지고 있습니다. 특히 종교인들은 자기가 믿는 것이 최고요, 정통이라는 아집 아래 수백, 수천 갈래의 교파로 난립해 이전투구를 벌여왔지만 그것이 종교의 본질과 동떨어진 행태라는 것을 깨닫기 시작했습니다.

요즘 신종 코로나 바이러스 감염증(코로나19) 사태는 특정 국가만의 일이 아니란 점에서 국경이 무의미함을 보여주었습니다. 그리고 국제적 공조가 아니면 막아낼 수 없는 이러한 질병이 앞으로도 인류를 계속 위협하게 된다는 점에서 초국가적 협력이 더욱 절실한 시점에 와 있습니다. 다시 말하면 이제 인류가 시작과 끝을 알 길이 없는 초불확실성 시대에서 살아남기 위해서는 개인이나 국가의 이익보다는 공생·공영의 새로운 비전으로 무장해야 한다는 것을 이번 코로나19 사태를 통해 확인하게 됩니다.

인위적 장벽이 무너지다

요즘 세계를 덮친 전염병과의 싸움은 정보전쟁이라고 해도 과언이 아닙니다. 예방과 치료, 사후 조치는 모두 축적된 데이터로 관리되기 때문입니다. 그래서 국경을 넘나드는 인프라 구축을 통해 국가 간의 정보 교환과 협력이 절대 필요합니다.

물론 각국이 자국민 보호 차원에서 외국인의 입국을 막고 나선 데다가 국가 중심의 자체적인 방역망 구축과 대응체계를 작동시킴으로써 국제적 대응이 유명무실해진 측면이 없지는 않지만 세계화시대에 어느 한 나라가 국수적 정책을 쓴다고 해도 그것이 해결책은 될 수는 없습니다. 따라서 코로나19 사태와 같이 국경을 초월하는 질병과 재난은 국제협력을 더욱 강화해야 하는 것이 필수적입니다. 코로나19의 백신이나 치료제 개발은 그 중 하나입니다. 특히 각국이 코로나19 사태로 인한 경기침체를 극복하기 위해 천문학적인 정부 지출을 결정하고 있지만 이러한 재난에 대해 국제공조 체제를 구축했더라면 이처럼 막대한 재정지출이 필요했을까 하는 것입니다.

이번 코로나19 사태는 많은 분야에서 인간의 역사를 바꾸리라고 전망되고 있습니다. 특히 우리는 세계화를 계기로 국가 간의 교류가 활성화하면서 이와 같은 재앙은 어쩔 수 없는 것으로 여기지만, 이제는 본질적인 패러다임 전환을 통해 온 인류가 안전하게 살아갈 수 있는 초국가적인 사회가 출현할 수밖에 없습니다. 이미 세계는 디지털 정보화를 통해 시공간을 초월하는 사회가 자리를 잡아가고 있기 때문에 각종 경계선도 서서히 무너지고 있습니다. 특히 제4차 산업혁명 시대를 맞아 세상을 바꾸는 새로운 발상들이 주목받고 있습니다.

그런 점에서 지금은 그동안 이질감을 가지고 있던 것들이 서로 경계를 뛰어넘는 '크로스오버 시대'라고 볼 수 있습니다. 크로스오버는 통섭, 학제 간 연구, 융합 등으로도 널리 사용되고 있습니다. 경계를 자유롭게 넘나들다 보면 다른 것들끼리 서로 섞이게 마련이기 때문에 퓨전이나 하이브리드, 컨버전스라는 말과도 통합니다. 그래서 우리가 이 시대에 적응하기 위해서는 우리 일상에서 늘 만나게 되는 인공지능(AI)과 로봇, 공상과학(SF) 영화 등과도 친숙해져야 합니다.

그리고 제4차 산업혁명 시대는 그동안 인간이 축적해온 기술을 중심으로 세상의 모든 것들을 끊임없이 새롭게 구성하고 해체, 재구성함으로써 현대사회에 맞게 사용하는 데 중점을 두고 있습니다. 그동안 인간이 발견해온 지식들을 크로스오버라는 과정을 통해 편집하는 능력이 필요한 시대라는 것입니다. 그래서 요즘의 창조적 능력은 남들이 그냥 지나친 것이지만 새롭게 짜 맞춰 인간에게 유용하게 하는 것을 말합니다. 창조란 기존에 있던 것을 해체하고 재구성한 결과물이라는 점에서 이제는 경계를 넘나들면서 시야를 넓히고 서로 다른 것을 융합하는 것이 필요한 시대입니다.

크로스오버가 가장 활발하게 일어난 분야는 단연 음악이라고 볼 수 있습니다. 1950년대엔 흑인들의 블루스와 백인들의 컨트리가 합쳐져서 '로큰롤'이

탄생했으며, 1960년대 말에는 록과 재즈가 손을 잡아 '재즈 록'이라는 퓨전 장르가 만들어졌습니다. 랩에 재즈가 들어가면 '재즈 랩'이 되고, 록이 들어가면 '랩 록'이 되는 것입니다. 국내에서도 국악과 랩을 결합하는 등 크로스오버 음악이 시도돼왔습니다.

그리고 자연과학기술과 인문학이 경계를 넘나들면서 학문 체계의 한계를 극복하고 서로의 벽허물기를 시도하는 등 새로운 변화를 모색하고 있습니다. 20세기는 자연과학의 세기로 불려왔습니다. 그만큼 자연과학이 우리 일상을 지배한 것입니다.

그러나 21세기는 자연과학기술이 인문학의 도움을 받지 않으면 안 될 시기입니다. '신의 영역'에 대한 도전으로 간주돼온 인간배아 복제만 보더라도 윤리적 판단이 반드시 뒤따르지 않으면 안 됩니다.

결국 자연과학적 시각과 인문학적 통찰은 세상을 바라보는 서로 다른 두 개의 창이 아니라는 것입니다. 그동안 철학자나 사회학자가 자연과학에 대해 올바로 이해하지 못했고, 반대로 자연과학자가 그 맥락을 이해하지 못한 채 서로 비판하는 일이 많았지만 이제는 복잡한 과학기술시대를 맞아 서로 간의 소통과 공유는 필수불가결한 과제입니다.

이러한 시도는 우리가 겪은 과거와 다가오는 미래가 하나의 시선으로는 해결할 수 없을 만큼 복잡해졌기 때문입니다. 그래서 자신의 분야에 안주하지 않고 인위적인 장벽을 넘어 새로운 분야를 정복하며 학문과 사상의 하이브리드를 실천하는 지성인들이 앞으로 각광을 받을 수밖에 없을 것입니다.

그런데 학문 영역 간에서 가장 치열하게 대립하고 반목해온 분야가 과학과 종교입니다. 학문 간 소통을 위해 현장의 과학자들과 인문학자들이 이구동성으로 꼽는 것은 서로에 대한 깊은 이해이지만 종교는 믿음을 앞세우고, 과학은 증거를 앞세우다 보니 서로 간의 접점을 찾지 못했습니다. 특히 최근 빠르게 발전하는 생명과학은 과학과 종교의 대립과 반목을 더욱 첨예하게 만드는 기폭제가 되고 있습니다.

그러나 과학적 현실을 무시한 종교는 이성을 마비시키는 미신에 불과하고, 인간에 대한 애정이 담겨 있지 않은 과학은 결국 인간과 자연을 파멸시킬 수 있는 가공할 위력을 가진 흉기가 될 수밖에 없다는 점에서 서로 간에 공유할 수 있는 가치를 찾는 것이 시급한 과제입니다. 그것은 인간과 신(神), 자연의 관계를 올바로 파악할 때 해결될 수 있습니다. 더구나 종교와 과학이 손을 잡을 때 비로소 자연과 인간, 신을 깊이 이해할 수 있는 길이 열리기 때문입니다.

그리고 애플사의 창업자인 스티브 잡스가 "애플의 모든 활동은 인문학과 첨단 기술의 교차로에서 이루어진다."고 말한 것처럼 과학기술과 인문, 그리고 예술의 융합이 새로운 미래 성장산업을 창출하는 핵심 요인으로 꼽히고 있습니다.

그동안 각자의 길을 가던 분야를 중심으로 융·복합 컨버전스 시대가 열리면서 인류는 지금까지 경험해보지 못한 새로운 융합문화를 경험하고 있습니다. 그래서 현대사회는 풍부한 상상력과 창의성을 가진 인재가 세상을 이끌어갈 수밖에 없을 것입니다.

종교의 벽을 허물다

요즘 코로나19 사태로 우리 사회에 비대면(언택트) 문화가 일상화하면서 가장 보수집단이었던 종교계도 변화의 바람이 불고 있습니다. 특히 많은 사람이 한자리에 모여 성직자의 목소리를 경청하던 예배 방식에서 벗어나 중개자를 통하지 않고 신과 직접 소통하는 개개인의 직접 신행으로 바뀔 가능성이 커졌습니다. 그동안 인터넷과 모바일의 보급으로 비대면 접촉이 폭발적으로 늘어난 것도 영향을 주고 있습니다. 이번 사태를 계기로 종교인들이 스스로 성직자의 영상을 보면서 스스로 신앙심을 키워나가는 분위기가 확산·정착될 가능성이 더욱 커졌습니다.

그동안 한국 교회는 예배 참석 신도 수가 개별교회의 교세를 나타내는 지표가 되다 보니 신도수를 늘리는 데 혈안이 돼왔습니다. 그렇지만 성공 신화를 이룬 대형 교회와는 달리 소규모 예배나 공동체 모임을 통해 예수의 뜻에 충실하자는 작은 교회 운동이 일어나면서 큰 호응을 받고 있습니다. 그리고 요즘에는 담임목사도 없고 예배당도 갖추지 않은 교회도 늘어나고 있습니다.

이들 작은 교회는 예수의 가르침에 대한 본질을 제대로 알고 옹골차게 그 뜻을 실천하자는 데 목표를 두고 있습니다. 물론 여기에는 물량주의를 앞세워 교세 확장에 치중해온 팽창주의에 대한 반발과 시대흐름에 역행해온 교회에 대한 실망감도 한 몫을 했습니다.

이렇듯 코로나19 사태는 현재의 예배 형식을 바꾸는 중요한 계기가 될 수 있을 것으로 보입니다. 그동안 국내 일부 교단이 코로나19 사태를 요한계시록에 기록된 '환난'으로 몰아가거나 신의 징벌로 돌린 채 인간으로서 해야 할 최소한의 책임이나 의학적인 방법을 도외시하면서 국민으로부터 지탄을 받기도 했습니다.

그렇지만 한국기독교목회자협의회는 일부 교회의 현장 예배 강행을 비판하면서 "예배당에 나오지 않는 것을 '정죄'하는 분위기가 되면 교회 공동체 내부에 큰 어려움이 발생할 수 있다. 한국 교회도 중장기적으로 '새로운 일상'을 준비해야 한다."고 주장하고 나섰습니다. 예배 형식의 변화를 예고한 것입니다. 예수가 "두세 사람이 내 이름으로 모여 있는 자리, 거기에 내가 그들 가운데 있다."(마태복음 18:20)고 말했듯이 하나님은 결코 많은 신자가 모인 자리에만 함께하는 것은 아닐 것이기 때문입니다.

이번 코로나19 사태는 종교가 무엇인가를 돌아보게 하는 계기가 됐습니다. 종교는 인간이 가지고 있는 한계상황을 해결하기 위해 초월자에게 도움을 요청하면서 시작됐습니다. 그래서 그동안 전염병이 몰아닥칠 때마다 종교에 의존하는 사람이 늘어났지만 이번 사태는 잘 발달된 의료 방역 체계로 인해 인간은 더 이상 신의 도움을 구할 필요가 없다는 사실을 보여주는 계기가 됐습니다. 그런 점에서 종교 역시 전면적 변화가 불가피하다는 주장이 제기되고 있는 것입니다.

더구나 이번 코로나19 사태는 탈종교 현상을 더욱 부추길 가능성이 커졌습니다. 바야흐로 요즘처럼 종말론을 내세우면서 믿음을 강조하고 개인 구원만을 주장하는 종교는 더 이상 이 땅에 발을 붙이기 어려운 시대로 접어들고 있다고 보기 때문입니다.

독일 히틀러 정권 하에서 반나치 운동을 펼치다가 순교를 당한 디트리히 본회퍼는 《옥중 서간》에서 "종교의 시대는 사라졌고 세계는 성년이 됐기 때문에 이제 그리스도인들은 특정한 종교적인 영역이 아니라 철저히 세상 안에서 예수 그리스도의 제자로 살아야 한다."고 주장했습니다. 그는 기독교가 종교의 옷을 벗어버리는, 이른바 '기독교의 비종교화'를 강조하면서 기독교인들은 철저히 '이웃을 위한 존재'가 돼야 한다고 역설했습니다.

지금은 기독교가 종교의 옷을 벗을 때에만 생존이 가능하다는 본회퍼의 말에 귀를 기울일 때입니다. 앞으로 예배는 요즘처럼 초월적 신에 의지하면서 자신의 부족한 부분을 채우려고 하기보다는 모든 신자가 그리스도 몸의 일부분으로 결합돼 예수라는 하나의 집단 인격을 이루는 공동체로의 모임을 이뤄가야 합니다. 그럴 때만이 분열과 대립을 극복하고 종교 본연의 모습을 회복할 수 있기 때문입니다.

그리고 예배는 절대가치의 중심인 하나님에게 다가가고자 하는 데 목표가 있기 때문에 돈이나 형식 등 세속적인 것을 철저히 배제해야 합니다. 즉 종교가 자본의 논리를 답습하지 않고 성소 밖의 어려운 사람들에게 눈을 돌려야 할 때입니다.

원래 종교에는 벽이 없습니다. 그런데 종교의 울타리가 궁극에 이르는 길이 되지 못하고, 오히려 권력이 되고, 에고이즘이 될 때 벽이 되고 있음을 보아왔습니다. 종교가 다르다는 이유로 경계하고 불신하고 미워하는 것을 넘어서 전쟁까지 서슴지 않았던 것이 종교 역사였습니다. 이번 코로나19 사태를 보면서 무명과 아집과 두려움으로 만들어진 종교의 벽, 관념의 벽은 사라질 때가 됐음을 확인하게 됩니다.

이제 전통적이고 인위적인 구분선은 여지없이 무너지고 있습니다. 더구나 세계화 추세에 따라 다양한 문화가 유입되면서 지금까지 믿고 의지해왔던 전통적인 가치체계까지 붕괴되고 있습니다. 그동안 우리 인간은 남에게 지지 않기 위해 달리고 또 달려왔지만 세상은 더욱 불확실해졌고 미래는 아무런 보장도 없었습니다.

이럴 때일수록 우리는 눈을 똑바로 뜨고 세상을 바라보면서 내가 어떻게 하면 행복할 수 있을까 하는 근본적 고민을 해야 합니다. 그것은 어떤 것에도 휘둘리지 않는 절대가치관을 찾는 것입니다. 지금까지 인류가 그러한 가치관을 종교에서 찾아왔지만 종교 역시 명쾌한 해답을 주지 못했습니다. 그래서 신과의 소통을 통해 절대가치관을 찾기 위해서는 내가 누구인가 하는 내면의 성찰이 더욱 절실한 때입니다.

거주 불가능한 지구에 대한 경고

　　인간이 몸담고 있는 지구가 인간의 탐욕으로 인해 병들고 있습니다. 유엔 제7차 생물다양성과학기구 총회는 최근 보고서에서 2000년 이후 지구에서 매년 평균 650만 헥타르의 산림이 사라졌으며, 현존하는 전체 동식물 가운데 8분의 1, 즉 100만 종 이상이 멸종 위기에 처해 있다고 경고했습니다.

　　최근 수많은 인명이 희생된 한국과 중국, 일본의 국지성 집중호우도 지구온난화로 인해 북극 기온이 높아졌기 때문으로 기상학자들은 보고 있습니다. 환경부와 기상청이 2020년 7월 28일 발표한 '한국 기후변화 평가 보고서 2020'에 따르면 1980년대에 12.2도였던 우리나라 연평균 기온이 2011~2017년에는 13도로 역대 최고를 기록하는 등 기상재해 위험이 엄습하고 있습니다.

　　각국이 코로나19 사태로 인해 사회적 거리두기와 국민의 자가격리 조치를 취하면서 공장이 문을 닫고, 자동차와 항공기가 대부분 발이 묶이게 되자 탁한 도시의 공기가 갑자기 맑아졌습니다. 결국 코로나19 사태는 우리 인간이 어떻게 온실가스 배출량을 줄이면서 지구온난화에 대비해야 하는가에 대한 경각심을 불러일으키는 계기가 됐습니다.

암울한 지구의 미래

1969년 1월 28일 미국 캘리포니아주 남서부의 샌타 바버라 앞바다에서 정유회사가 폭발물을 이용해 시추작업을 하던 중 10만 배럴의 원유가 유출되면서 바다가 오염되는 사고가 발생했습니다. 1970년 4월 22일 미국 위스콘신주 게이로 닐슨 상원의원이 이 사고를 계기로 환경문제에 관한 범국민적 관심을 불러일으키기 위해 '지구의 날'을 주창하게 됩니다.

그리고 당시 하버드대 학생이었던 데니스 헤이즈가 주도해 '지구의 날' 첫 행사를 열었고, 2천만 명의 자연보호론자들이 자연보호 캠페인을 전개하면서 힘을 보탰습니다. 특히 뉴욕 5번가에서는 자동차의 통행을 금지시키고, 60만 명 이상의 시민이 센트럴파크에서 열린 환경집회에 참여했습니다. 이 집회 이후 환경문제가 세계적인 문제로 부각되면서 1972년 6월 스웨덴 스톡홀름에서 지구 환경 대책을 처음으로 논의한 유엔 인간환경회의가 '하나뿐인 지구'라는 주제 아래 열리고 '유엔 인간 환경 선언'을 채택했습니다.

프란치스코 교황은 2020년 4월 22일 지구의 날 50주년을 맞아 "자연은 자원 개발의 대상이 아니라 창조의 복음"이라면서 "이기심을 극복하고 지구의 신성함과 경이로움을 재발견해야 한다."고 촉구했습니다. 교황은 이어 '신은 항상 용서하고 인간은 때때로 용서한다. 하지만 자연은 절대 용서하지 않는다.'는 스페인 격언을 인용하며 "우리가 지구를 더럽힌다면 그 결과는 매우 참혹할 것"이라고 경고했습니다.

요즘 우리 인간은 공기 오염으로 숨 막히는 하루하루를 살아갑니다. 그런데 우리 인간이 지구 오염의 직접적인 주범이라는 점에서 더 늦기 전에 이 문제를 풀어 나가야 합니다. 지구가 종말을 맞이하게 된다는 예언이 현실화할지도 모르기 때문입니다.

예수는 끝날에 "기근과 지진이 있을 것이다."(마태복음 24:7)라고 말했습니다. 그리고 사도 요한도 "나는 큰 지진이 일어나는 것을 보았습니다. 해는 검은 머리털로 짠 천과 같이 검게 되고, 달은 온통 피와 같이 되고, 하늘의 별들은 무화과나무가 거센 바람에 흔들려서 설익은 열매가 떨어지듯이 떨어졌습니다."(요한계시록 6:12~13)라고 기록했습니다. 그러다 보니 프랑스의 의사 겸 점성가인 노스트라다무스도 지구 멸망을 예언했고, '만유인력의 법칙'으로 유명한 영국의 물리학자 아이작 뉴턴도 세계가 종말을 맞게 될 것이라고 주장했습니다.

그렇다면 지구를 이처럼 병들게 하는 원인은 어디에 있을까요? 우선 화산 폭발에 따른 지진을 들 수 있습니다. 기후변화와 관련된 이상 기상 현상으로 폭우가 내릴 경우 화산 폭발은 더 늘어날 것으로 전문가들은 보고 있습니다.

그 다음에는 대규모 화재입니다. 미국이나 호주의 산불처럼 오랫동안 지속될 때 야생동물이 불에 타서 죽는 것은 물론 연기와 미세먼지로 인해 엄청난 기후변화를 일으키는 것은 말할 것도 없고 빙하지대에도 영향을 끼치게 됩니다.

그리고 대형 홍수와 가뭄, 폭염으로 지구촌은 몸살을 앓고 있습니다. 유엔 세계기상기구(WMO)는 2018년에 기상이변에 따라 세계적으로 6천200만 명이 피해를 보았다고 밝혔습니다. 홍수 피해가 3천500만 명으로 가장 많았고 가뭄 피해가 900만 명에 달했습니다.

지구의 기후변화를 가져오는 가장 직접적인 원인은 온난화입니다. 지구온난화는 화석연료 사용량 증가와 삼림 파괴 등에 의해 발생한 이산화탄소의 양이 증가함에 따라 온실효과가 강화돼 지구의 기온이 높아지는 현상을 말합니다. 이로 인해 해수면 상승에 따른 해안 저지대 침수와 대규모의 홍수 발생은 물론 사막화, 물 부족 현상, 식량 생산량 감소, 감염병 증가 등이 나타나게 됩니다.

유엔 정부간기후변화위원회(IPCC)의 최신 보고서는 "지금 상태로 온실가스를 배출할 경우 60~80년 후 평균온도가 3.7도 이상 상승할 수도 있고, 이는 생물과 인류가 감당할 수 없을 것"이라고 전망했습니다. 세계 인구가 90억 명에 달하는 시점이면 지구온난화의 충격이 실질적으로 드러나기 시작할 것으로 보고 있습니다. 특히 해수면의 상승으로 수천만 명이 집을 잃고 농업도 극적인 변화를 맞을 것이기 때문입니다. 지금 인류는 전쟁으로 삶의 터전을 잃는 것이 아니라 기후변화로 인해 모든 것을 통째로 잃는 일이 일어나리라는 것입니다.

이미 온난화 현상에 따른 지구 온도의 상승으로 해수면이 점차 높아지면서 몰디브를 비롯한 남태평양 섬나라의 침몰이 진행 중에 있습니다. 2019년 한 해에만 그린란드를 덮은 대륙빙하가 기록적 수준으로 녹아내려 지구 해수면이 1.5밀리미터 상승하는 결과를 초래했다고 합니다.

유럽지구과학연맹(EGU)의 연구자 리뷰 학술지 '더 크리오스피어'에 게재된 보고서에 따르면 2019년 한 해에 바다로 유입된 그린란드 대륙 빙하 6천억 톤은 전 세계 해수면 상승치의 약 40퍼센트를 점한다는 것입니다. 국립해양조사원의 조사에 따르면 지난 30년간(1989~2018) 우리나라의 평균 해수면이 해마다 2.97밀리미터씩 높아졌습니다. 만일 해수면이 상승할 경우 조개 속에 있는 기생충들이 극적으로 증가하면서 새로운 전염병이 번질 가능성이 크다는 것입니다.

그리고 지구온난화에 따른 기후변화와 급속한 인구 증가에 따른 생태계 파괴 때문에 푸른 초원이 모래밭으로 바뀌고 있습니다. 사막화로 지구에 숲이 점차 사라지게 되면 지구는 점차 산소가 부족해지면서 야생동물은 멸종 위기에 이르고 물 부족 현상으로 작물재배가 불가능해 극심한 식량난에 빠지게 된다는 것입니다.

중국 서북지역 사막에서 불어오는 황사 때문에 우리나라도 직접적인 피해를 보고 있습니다. 황사나 고농도의 미세먼지는 화석연료가 주요 원인이 되고 있습니다.

현재 지구상에는 1만5천기의 핵폭탄과 탄두가 존재합니다. 온 인류를 몇 차례나 죽일 수 있는 분량입니다. 현재 핵확산금지조약(NPT)이 인정하는 핵보유국은 미국·영국·프랑스·중국·러시아의 5개국이지만 사실상 핵 보유 국가로 인정받고 있는 비공식 핵보유국으로는 인도·파키스탄·이스라엘·북한의 4개국이 있습니다. 핵보유국 9개국 가운데는 북한처럼 언제 불장난을 저지를지 모를 나라들도 있기 때문에 급기야는 세계 인류의 파멸로 이어질 가능성도 없지 않습니다.

코로나19 사태가 보여준 지구공동체의 위기

인류는 2억5천만년 전 페름기에 최악의 지구 대멸종 사건을 겪게 됩니다. 이 당시 해양 생물종의 약 96퍼센트, 육상 척추동물의 70퍼센트 이상이 멸종한 것으로 추정되고 있습니다. 대기 가운데 이산화탄소 비율이 높아지다 보니 순식간에 지구 평균온도가 5도 상승하면서 재앙은 시작됐습니다.

여기다가 화산 폭발과 대화재가 반복되며 수온이 치솟았고, 바다엔 치명적인 독성 가스인 황화수소가 부글거렸던 것입니다. 그리고 바다에서 발생한 강한 태풍은 지상의 모든 것을 삼켜버렸습니다. 인류는 이처럼 다섯 번이나 대멸종의 상황에 처했지만 운 좋게도 살아남았던 것입니다.

그런데 오늘날 인류는 그때보다 훨씬 빠른 속도로 이산화탄소를 쏟아내고 있습니다. 배출 속도가 페름기의 10배 이상이라는 이야기도 나오고 있습니다. 그래서 이러한 추세대로라면 지구는 불과 30년 후에는 인간이 거주하기에 부적합하리라고 보는 전문가들도 있습니다. 지구의 많은 지역이 사막화하거나 홍수로 사람이 살 수 없는 땅으로 바뀌게 된다는 것입니다. 여기다가 살인적 더위로 인해 열사병 사망자도 늘어나고, 열대지역이 확대되면서 모기로 인한 급성 바이러스성 전염병인 황열과 말라리아 환자도 급증하게 될 것으로 전망되고 있습니다.

이미 지구의 평균 온도는 1.1도 상승한 것으로 나타났습니다. 1.5도를 넘어 회복력을 상실한다면, 빙하가 녹고 인간을 괴롭힌 고대의 바이러스까지 다시 나타날 수 있습니다. 따라서 온난화를 방지하기 위한 대책 마련과 함께 야생동물이 살아갈 수 있는 숲을 보전하는 일도 동시에 해 나가야 합니다.

현대인들은 하루도 고기를 먹지 않으면 살아갈 수 없을 정도로 육식문화에 길들어 있습니다. 그런데 천연두와 홍역, 결핵이 소가 보유한 병원체를 통해 감염되고 인플루엔자와 백일해는 돼지나 개가 기원인 것처럼 전염병의 대부분이 동물에서 유래합니다.

2004년 발표된 세계보건기구(WHO)와 유엔식량농업기구(FAO), 국제수역 사무국(OIE)의 공동보고서에 따르면 21세기 초반에 새롭게 나타나거나 재발한 인간 질병의 75퍼센트 이상이 동물이나 동물성 식품에서 유래된 병원체가 원인입니다. 특히 좁은 공간에서 많은 수의 개체가 격리된 채 사육되는 공장식 축산은 바이러스의 슈퍼배양소입니다. 그런 점에서 언제든지 수많은 질병을 만들어내고 불러들이는 데 문고리 역할을 하고 있는 육식문화는 지양돼야 합니다.

그리고 육류 소비가 늘면서 생겨나는 부작용은 이루 말할 수 없습니다. 가축의 방뇨로 수질이 오염되고, 소의 소화과정에서 나오는 메탄가스가 일으키는 온실효과도 엄청나다는 것입니다. 소에게 곡물 9킬로그램을 먹여 얻을 수 있는 고기 양은 450그램에 불과합니다.

그런데 미국인들은 1인당 연간 98킬로그램의 육류를 먹습니다. 이와는 달리 힌두교 국가인 인도는 곡물의 90퍼센트를 식재료로 사용하면서 1인당 연간 5.4킬로그램밖에 먹지 않습니다. 미국 지구정책연구소는 만일 세계인들이 모두 미국인처럼 고기를 먹게 된다면 지금의 곡물 생산량으로는 26억 명만 부양할 수 있지만 인도인들의 수준으로 고기를 먹는다면 95억 명도 먹을 수 있다고 발표했습니다.

경제학자이자 환경철학자인 제레미 리프킨은 《육식의 종말》이라는 저서에서 "소를 포함한 가축들은 미국에서 생산되는 곡물의 70퍼센트를 소비한다."면서 "지구상에서 생산되는 전체 곡식의 3분의 1을 가축들이 먹어치우고 있는 것과는 달리 수많은 사람들이 기아와 영양실조에 허덕이고 있다."고 지적했습니다.

그러다 보니 개발도상국의 농토가 생계용 양식 곡물 생산에서 상업용 사료 곡물 생산지로 전용됨에 따라 수많은 농부가 대대로 물려받은 조상의 땅으로부터 쫓겨나고 있는 것입니다. 결국 소와 돼지 등을 기르는 축산단지가 생태계를 파괴하고 경작지를 사막화한다는 점에서 육류 중심의 식생활을 바꾸는 것이 시급한 과제가 아닐 수 없습니다. 여기다가 선진국 국민은 육류의 과잉섭취로 인해 '풍요의 질병'이라고 할 수 있는 심장발작이나 암, 당뇨병 등에 시달리고 있습니다.

이번 코로나19 사태로 인해 우리 일상은 일시에 멈췄습니다. 세상은 쥐 죽은 듯이 고요해졌습니다. 숨 쉴 수 없이 탁한 지구는 가빴던 호흡을 조절하기 시작했습니다. 전 지구의 평균 지표면 기온이 상승하는 지구온난화의 가장 큰 원인 제공자가 인간이라는 것이 더욱 확실해진 이상 대책 마련에 나서야 한다는 목소리도 높았습니다.

코로나19 사태로 인해 세계 온실가스 배출량이 크게 줄었습니다. 온실가스 배출량이 줄어들면서 인도 북부지역에서는 30년 만에 히말라야 설산이 뚜렷하게 보이고, 유람선 운항이 중단된 이탈리아 베니스의 운하에는 물고기 떼가 돌아오면서 화제가 되기도 했습니다. 코로나 바이러스가 인간의 건강에는 치명적이지만 자연에게는 치유의 기회로 다가온 것입니다.

이렇듯 기후 위기는 지구의 균형을 돌이킬 수 없을 만큼 망가뜨리게 됩니다. 기후가 변하면 생물들도 더 높은 곳으로 이동할 수밖에 없고, 그렇게 환경이 바뀔 경우 면역력이 떨어지면서 질병에 무방비 상태로 놓이게 됩니다. 이미 100만 종이나 되는 생물종이 멸종한 것도 이러한 기후변화 때문입니다. 앞으로 재앙을 피하려면 기후 문제를 반드시 해결하지 않으면 안 된다는 것이 이번 코로나19 사태가 주는 교훈입니다. 지금 우리 인류는 지구공동체 보존을 위해 힘을 모으지 않으면 안 될 절체절명의 상황을 맞이하고 있습니다.

결혼제도가 사라지는 날이 오나

현대사회의 가장 큰 위기로 가족 해체 현상을 들 수 있습니다. 가정이 붕괴되고 있다는 것은 이혼·가출·별거·비행 등으로 인해 가정이 제 기능을 상실했다는 것을 말합니다. 이러한 현상은 급격한 전환기를 맞아 성 해방 풍조와 향락 문화 확산 등의 영향으로 전통적 가족 가치관이 더 이상 힘을 발휘할 수 없기 때문입니다.

가정은 공동체 생활이 이루어지는 최소 단위이자 사회생활의 출발점입니다. 따라서 공동체의 근간인 가정 구성원 사이에 갈등이 생기고 서로 반목하게 될 경우 사회나 국가, 세계 역시 건전하게 발전할 수 없게 됩니다. 그래서 우리나라에서는 전통적으로 "집안이 화목하면 모든 일이 잘 된다(家和萬事成)."는 것을 강조해왔습니다.

붕괴되는 전통 가족제도

현대사회에서 전통적 조직문화가 해체되는 가장 대표적 사례가 가족공동체 붕괴입니다. 일반적으로 가족 위기는 결혼 후 출산이나 퇴직, 이직, 배우자의 질병이나 죽음, 외도, 폭력 등으로 오는 경우가 많습니다. 이것을 전혀 예상하지 못하다가 갑작스럽게 찾아올 때 치명적인 위기로 작용할 수 있습니다. 그러나 요즘은 전통적 가족 형태가 무너지고 있는 데서 위기가 오고 있습니다.

특히 우리나라의 경우 이혼이나 별거 등 여러 이유로 인해 부모 가운데 한 사람이 18세 이하의 자녀들을 거느리고 살아가는 한 부모 가족이 2018년 기준으로 150만 가구에 달할 정도로 급증하고 있다는 것입니다. 이혼이나 사별로 한 부모 가족이 된 경우가 대다수이지만 처음부터 미혼이었던 한 부모 가족도 4퍼센트에 이르고 있습니다. 결혼은 하지 않은 채 자식을 낳아 키워온 것입니다.

1인 가구가 늘어나고 있는 것도 전통가족 해체 현상의 하나로 볼 수 있습니다. 2018년 통계청에 따르면 2천11만6천 가구 중 1인 가구는 599만 가구로 전체 가구의 29.8퍼센트를 차지합니다. 특히 65세가 넘는 1인 노년 가구는 2017년 134만7천 가구에서 2047년 405만1천 가구로 3배가 증가할 것으로 예측하고 있습니다. 같은 기간 전체 가구에서 65세 이상 노년 가구가 차지하는 비중은 24.1퍼센트에서 48.7퍼센트로 껑충 뛰게 된다는 것입니다. 이렇듯 1인 가구 증가 속도가 빨라지는 것은 결혼 기피와 저출산·고령화가 맞물린 탓입니다.

결혼 인식 변화로 미혼 인구가 늘어나고 고령층 가운데 황혼 이혼의 증가도 한 몫을 하고 있습니다. 그런데 1인 가구가 증가하는 것과는 달리 부부와 자녀로 구성된 정상 가구는 2017년 31.4퍼센트에서 2047년 16.3퍼센트로 뚝 떨어지게 될 것으로 보고 있습니다.

여성 한 사람이 가임기간(15~49세)에 낳을 수 있는 평균 출생아 수를 말하는 우리나라 합계출산율은 2019년 역대 최저인 0.92명까지 떨어졌습니다. 통계청에 따르면 2018년 0.98명에 이어 2년 연속 0명대로서 OECD(경제협력개발기구) 국가 중 가장 낮습니다.

현재 인구를 유지하기 위한 합계출산율 2.1명의 절반 수준에도 미치지 못하고 있으며, 출산율 1명을 밑돈다는 것은 한 세대가 지나면 출생아 수가 지금 수준의 절반 이하로 줄어든다는 것을 의미합니다. 통계청은 2020년을 기점으로 사망자 수가 출생아보다 많은 인구의 자연감소가 시작된다고 보고 있습니다. 따라서 정부가 이 문제를 해결하기 위해 가족 형태의 변화에 따른 대응책을 적극적으로 세울 때가 된 것입니다.

우리나라는 출산율 저하에 따른 인구 감소로 인해 앞으로 생산 가능 인구가 줄면서 소비가 위축되고 성장이 지체되는 상황에 몰리게 될 것입니다. 이처럼 심각한 저출산으로 인해 우리나라 총인구는 2028년 5천194만 명을 정점으로 2029년부터는 본격적으로 감소할 전망입니다. 여기다가 총인구 대비 생산가능 인구 비중은 2017년 73.2퍼센트로 OECD 국가 중 가장 높은 수준이었지만, 인구 감소 속도가 빨라지면서 2060년에는 48.0퍼센트로 가장 낮아지게 된다는 것입니다.

그리고 2018년 통계청 사회조사에서 결혼을 꼭 해야 한다고 대답한 사람은 48.1퍼센트에 그쳤습니다. 더 이상 결혼이 의무가 아니라고 보는 사람이

56.4퍼센트로 처음으로 절반을 넘었습니다. 여기다가 혈연으로 이뤄진 가족이 아닌 비혼 동거가족이나 친구끼리 모여 사는 비친족 가구도 2018년을 기준으로 34만 가구에 이르렀습니다. 2015년 21만 가구였던 것과 비교하면 3년 새 60퍼센트가 늘어난 것입니다.

비혼 출산에 대한 인식 변화도 눈여겨볼 필요가 있습니다. 2008년에는 21.5퍼센트만이 비혼 출산에 찬성했지만 10년 뒤인 2018년에는 30퍼센트가 가능한 일이라고 대답했습니다. 이렇듯 우리나라도 전통가족의 해체가 급속히 진행되고 있음을 확인하게 됩니다. 전통적인 가족 중심의 사회체제에도 많은 변화가 나타나고 있는 것입니다.

이제 우리 사회에도 부모와 자녀로 구성된 전통가족 형태는 남의 나라 이야기로 들릴 날이 멀지않았습니다.

세계적 경제석학이자 미래학자인 자크 아탈리는 《21세기 사전》에서 "2030년이면 결혼제도가 사라지고 90퍼센트가 동거로 바뀔 것이다."라고 밝혔습니다. 유럽에서는 이미 결혼은 비주류가 됐고 결혼을 대체하는 방식으로 동거가 자리잡고 있습니다. 결혼하지 않겠다는 비혼이 비주류나 아웃사이더로 취급받던 시대가 끝나가고 있습니다. 결혼은 여러 선택지 중의 하나일 뿐이며, 출산과 대를 잇는 것만이 더 이상 가족의 기본 조건이 아니라는 것입니다.

현재 유럽에서는 결혼을 하지 않은 채 아이가 태어나는 혼외 출산 신생아수가 전체 신생아의 절반을 넘어섰습니다. 2016년 유럽 국가들의 혼외 출산 비율을 보면 프랑스가 59.7퍼센트로 가장 높았고, 불가리아와 슬로베니아가

58.6퍼센트, 에스토니아 56.1퍼센트, 스웨덴 54.9퍼센트, 덴마크 54.0퍼센트, 포르투갈 52.8퍼센트, 네덜란드 50.4퍼센트 순으로 혼외출산 비율이 전체 신생아의 절반을 넘겼습니다. 이러한 현상은 유럽 젊은이들이 결혼을 하지 않은 채 동거가족을 꾸려가고 있기 때문입니다.

새로운 가족가치관 정립

전통가족제도가 붕괴되면서 일어나는 부작용은 이루 말할 수 없습니다. 그동안 인류는 부모와 자녀로 이뤄진 가족을 이상적 형태로 생각해왔지만 유럽을 중심으로 결혼식을 거치지 않은 채 아이를 낳아 기르는 사실혼이 대세로 굳어지고 있는 상황에서 가족 해체는 더욱 현실적 문제로 다가오고 있습니다.

따라서 현재 가부장적 질서를 근간으로 한 가족주의에 대해서도 시대흐름에 맞춰 탄력적으로 대응하는 것이 가족을 지키고 올바른 가정문화를 정착시키는 데 바람직한 것은 아닌지 많은 고민이 뒤따라야 할 것입니다. 특히 가족 해체로 인해 가장 피해를 보게 될 아이들에 대해서는 우리 사회나 정부가 보호자가 되는 공공성 강화정책이 필요합니다. 이제 가족의 문제를 한 가정에만 맡길 것이 아니라 우리 모두가 관심을 가질 때 조직의 최소단위인 가정이 건전하게 자리를 잡고, 그 가정이 바로 설 때 사회와 국가, 세계 등 인류공동체가 평화로운 공존·공영의 길을 갈 수 있기 때문입니다.

그리고 전통가족의 장점을 최대한 살려내면서 가족에 대한 가치관을 새롭게 정립해 나가야 합니다. 그것은 부모에 대한 효도와 자식에 대한 사랑을 회복하는 길입니다. 그동안 전통가족제도가 유지돼온 것은 효(孝)가 '백행지본(百行之本)'이라고 생각했기 때문입니다. 특히 가족은 부모사랑·부부사랑·자녀사랑·형제사랑의 4대 사랑에 의해 유지돼왔습니다.

그런데 이러한 전통이 역사상 유례가 없는 전환기를 맞아 급속히 무너지고 있는 것입니다. 본래 남녀가 사랑이 없이는 부부 인연을 맺을 수 없고, 부부 사이에 사랑이 없다면 자녀를 가질 수 없는 것이 원칙입니다. 그리고 예나 지금이나 자녀에 대한 애틋한 사랑이 있기 때문에 가정이 구성되는 것입니다. 그러나 지금은 결혼이라는 형식이 젊은이들에게는 거추장스러운 것으로 생각되고 있다 보니 혼외 자녀 출산율이 높아지면서 전통적인 가족 개념도 무너지고 있습니다.

전통가족제도가 이처럼 무너지는 상황에서 우리가 뒷짐만 지고 앉아 있을 수만은 없습니다. 그래서 달라지는 가족제도를 올바른 방향으로 유도하면서 시의적절한 가족가치관을 정립해 나가야 한다는 것입니다. 그러기 위해서는 어느 조직이든 그 조직을 유지하기 위한 기본윤리가 있듯이 가정에서도 가족윤리를 회복하는 것이 무엇보다 중요합니다. 윤리는 인간이 사회의 일원으로서 지켜야 할 행동규범입니다. 특히 윤리는 인간으로서 어떻게 살아야 하며 어떻게 행동해야 하는가의 기준점을 제시한다는 점에서 가정에서 윤리교육은 필수적입니다.

가정의 역할 가운데 중요한 것이 자녀의 출산과 양육입니다. 부모는 자녀가 사회 구성원으로 성장할 때까지 자식을 보살피고 지원하게 됩니다. 이를 통해 사회는 세대 간에 끊어짐 없이 지속적으로 유지·발전할 수 있었습니다. 그리고 가정은 부모와 자녀가 함께 생활하는 공동체입니다. 가족은 함께 생활하면서 서로의 사랑을 확인하게 됩니다. 그런데 가정이 모든 조직의 기초로서의 역할을 제대로 하지 못한다면 사회와 국가, 세계 역시 올바로 설 수 없기 때문에 유교적 전통사회에서는 가정을 중요하게 생각했고, 자녀들에게 가정교육을 철저히 시켜왔습니다.

그러나 오늘날 가정은 개인주의적인 생활풍조로 인해 대화가 단절되고 따뜻한 사랑이 오가는 것이 어려워지고 있습니다. 그런 점에서 우리는 더 이상 큰 위기가 도래하기 전에 가정이라는 기초부터 다지는 일에 적극 나서야 합니다.

그렇다면 오늘날 가정의 위기를 극복할 수 있는 새로운 가족가치관은 무엇일까요? 우선 가정을 꾸리게 되는 성인 남녀의 문제입니다. 혼외 출산이 전체 신생아의 절반을 넘어서는 상황에서 어떻게 하면 축복받는 결혼이 될 수 있을까 하는 것입니다. 여기서 제기되는 것이 성의 가치관 문제입니다. 요즘 혼전 순결 문제를 가볍게 보는 풍조이지만 남녀 간의 순결은 가정문제 해결의 첫 번째 과제임은 누구나 공감하는 것입니다.

요즘 동성결혼을 합법화하는 나라가 늘어나면서 남녀라는 고유한 영역 파괴도 불가피한 문화현상으로 수용해야만 한다는 생각을 가진 사람이 많습니다. 그러나 이러한 풍조를 하나씩 받아들이게 될 경우 전통적 가족 형태는 설 자리가 없어지게 되고, 자녀들도 왜곡된 성문화 환경에서 성적 유혹을 이겨내기 어렵게 될 것입니다.

그래서 자녀들에게 올바른 성 가치관 교육을 하는 것이 부모의 가장 큰 책임입니다. 결국 각 가정에서 순결교육을 제대로 시키게 될 때 그것이 결혼 후에도 부부가 서로 신뢰하고 사랑하면서 아름다운 가정을 꾸려갈 수 있는 길이기 때문입니다.

가정은 부모와 부부·자녀·형제로 이뤄집니다. 여기서 모든 구성원이 사랑으로 하나가 될 때 행복한 가정은 자연스럽게 이뤄질 수 있습니다. 특히 부부간에 무엇보다 필요한 것은 서로를 신뢰하는 첫 번째 기준인 순결한 사랑입니다. 예수는 간음문제를 놓고 "여자를 보고 음욕을 품는 사람은 이미 마음으로 그 여자를 범하였다."(마태복음 5:28)라고 경고했습니다.

붓다 역시 색욕(色欲)을 재욕(財欲)·식욕(食欲)·명예욕(名譽欲)·수면욕(睡眠欲)과 더불어 오욕으로 꼽았습니다. 결국 순결은 마음에서부터 시작되는 것이기 때문에 인간의 타락성을 어떻게 뿌리 뽑느냐 하는 것이 큰 과제가 아닐 수 없습니다. 그래서 꾸준한 성 가치관 교육을 통해 가정과 사회의 분위기를 바꿔 나가야 합니다.

그 다음에는 가족의 구성원인 부모와 부부, 자녀, 형제들이 제 자리를 찾는 것입니다. 요즘 가정이 붕괴하는 가장 큰 원인은 부부간의 갈등입니다. 부부가 성격 차이나 배우자의 부정, 자녀양육 문제 등으로 서로를 신뢰하지 못하면서 갈등이 일어나고 결국 갈라서게 되는 것입니다. 따라서 상대방을 소중하게 생각하는 것은 물론 서로의 다름을 인정하고 이해·소통하는 것에서부터 부부 갈등을 해소해 나가야 합니다.

또한 평화로운 가정이 되기 위해서는 부모와 자녀간의 갈등을 해결하는 것이 우선입니다. 현대사회처럼 부모로 살아가는 것이 어려운 때도 없었습니다. 요즘은 부모가 엄격하게 자녀교육을 한다고 해서 들어 먹히는 시대가 아니기 때문입니다. 첨단과학기술의 영향으로 오늘날의 생활 방식도 상당히 많이 달라졌지만, 아이들도 유치원에서부터 시작된 치열한 경쟁에 시달리면서 많은 스트레스를 받다 보니 부모와 자식간의 소통이 쉽지 않습니다. 형제 사이 역시 마찬가지입니다.

지금은 누구나 행복하고 평화로운 가정을 실현하기 위해서는 부부와 부모, 자녀, 형제간에 서로 신뢰하고 사랑할 수 있는 근본적 문제부터 짚어 나갈 때입니다. 이 시대의 위기는 가정 붕괴로부터 시작된다는 점에서 가정을 올바로 지키는 것은 우리 모두의 의무이자 책임입니다.

2장
세상은 어떻게 달라지고 있나

본질 회복과 평준화 모색

인류문명사는 인간의 본질을 향한 몸부림이란 점에 주목해야 합니다. 인류역사에는 인간을 주종관계로 나눴던 봉건제도가 오랫동안 유지돼왔지만 그것이 본연의 모습이 아니기에 자유와 평등이 보장되는 자유민주사회로 전환된 것이 대표적 사례입니다.

그리고 여성이기 때문에 차별을 받아온 것도 마찬가지입니다. 인간사회는 지금까지 여성이 남성보다 무능력하고 열등하다는 편견 때문에 사회적으로나 경제적으로 차별대우를 받았지만 이 역시 제도적으로나 법적으로 많이 개선되고 있습니다. 이렇듯 인류역사에는 성별·장애·나이·언어·국적·인종·피부색·출신지역·기혼·비혼 등을 이유로 차별 관행이 유지돼왔지만 이것이 인간 본연의 모습이 아니기 때문에 개선이 이뤄지고 있는 것입니다.

빈부 격차 역시 인간사회를 짓눌러온 불평등 현상입니다. 경제적 불평등이나 소득 불평등은 개인 간의 경제적 자산과 소득의 분배 과정에서 발생하는 것으로서 여전히 개선되지 않고 있지만 각국 정부가 복지 차원에서 이의 해결을 위해 발 벗고 나서고 있습니다. 현재 자본주의 체제에서는 자녀들에게 재산을 상속하면서 아무런 노력 없이도 부(富)를 가지게 되고, 이와 달리 힘들게 노력을 해도 빈곤층들에게는 부를 얻을 기회가 사라지면서 빈부 격차 극복은 구조적으로 어려웠지만, 이 역시 차츰 해소되는 방향으로 환경 변화가 이뤄지고 있는 것은 여간 다행한 일이 아닐 수 없습니다.

첨단과학기술이 만들어낸 공유 환경

인간사회는 첨단정보기술 혁명으로 시공간의 장벽이 무너지면서 인간의 삶은 급격히 변화하고 있습니다. 스마트폰을 인터넷에 접속하여 입출금 등의 은행 업무를 보는 모바일 뱅킹, 온라인으로 게임을 즐기는 모바일 게임, 영화를 실시간으로 보는 모바일 영화, 모바일 TV 및 모바일 잡지 등 다양한 서비스가 제공되고 있습니다.

또한 모바일 비즈니스와 모바일 마케팅·전자화폐·전자정부 등 새로운 모바일 서비스가 생겨나고 있습니다. 스마트폰이 창출하는 모바일 문화는 소셜네트워크서비스(SNS), 클라우드 컴퓨팅과 더불어 현대 문화의 지형을 특징짓는 한 축이 되고 있습니다.

그리고 빅데이터가 세상을 이끌어가고 있습니다. 우리들의 일상사가 스마트폰에 연결된 데이터를 매개로 돌아가고 있는 것입니다. 유통업체가 고객정보를 분석해 다양한 마케팅 활동을 펼치는 것도 빅데이터 때문에 가능합니다. 정치권에서 데이터 분석팀을 가동하는 것도 마찬가지입니다. 정당에서 유통체인회사의 고객 데이터 분석 전문가를 채용하는 것도 이제는 수먹구구

식으로는 선거전에서 이길 수 없기 때문입니다.

빅데이터는 아날로그 체계에서는 상상도 할 수 없었던 데이터의 대규모 생성과 유통이 이뤄지는 것을 말합니다. 현재 빅데이터 시대가 오면서 데이터양이 급증하는 것은 물론 처리 속도 역시 한계에 부닥치고 있고, 플랫폼 확장도 어려움이 있지만 기술의 발달로 이런 문제들을 극복해내고 있습니다. 특히 페이스북 트위터 등 소셜네트워크서비스와 플리커(Flickr) 유튜브 등 멀티미디어서비스의 성장으로 인한 비정형 데이터의 증가는 기존 플랫폼을 통한 데이터 저장과 관리, 분석의 한계를 보여주기도 했습니다. 그러나 대용량의 데이터를 분석하고 저장할 수 있는 기술을 발전시키면서 본격적인 빅데이터 시대를 이끌고 있습니다.

빅데이터 시대에 가장 발 빠른 움직임을 보이는 것은 빅데이터 경제입니다. 다양한 데이터를 수집·처리·저장한 뒤 목적에 맞게 분석하고 필요한 지식을 추출하여 비즈니스 모델을 구축하는 것은 기업만큼 빠른 곳이 없기 때문입니다. 그야말로 데이터가 석유나 전기, 금융자본 등과 같은 위치로 격상되면서 신자본으로 자리매김되고 있는 것입니다. 마치 그동안 원유를 많이 생산하는 국가가 부국인 것처럼 앞으로는 빅데이터가 국가의 위상을 바꿀 것으로 전망되면서 미국 중국 등 일부 선진국은 이미 신성장동력으로서 데이터산업 육성에 온 힘을 쏟고 있습니다.

이러한 빅데이터 시대는 어떠한 데이터도 한 개인이나 특정 기업, 혹은 특정국가가 독점하기 어려운 시대가 왔음을 보여주고 있습니다. 데이터를 개방하고 공유하면서 다수의 이익을 위해 사용되는 것이 바람직하다는 점이 부각되는 것입니다.

이미 생산된 제품을 여럿이 함께 이용하는 공유경제도 마찬가지입니다. 이는 제품이나 서비스를 어떤 개인이나 기업이 소유하는 대신에 필요에 따라 공유하는 것을 말합니다. 세계 경제위기로 저성장과 취업난, 가계소득의 하락 등 사회문제가 심각해지자 과소비를 줄이고 합리적인 소비생활을 하자는 바람이 불면서 공유경제가 부각된 것입니다.

이 역시 SNS와 인터넷을 중심으로 하는 IT 기술의 발전으로 개인 대 개인과의 거래를 편리하게 만들었기 때문입니다. 공유경제는 자원의 절약과 환경문제 해결에 기여할 뿐만 아니라 이용자와 중개자, 사회 전체 모두에게 이익이 되는 구조를 지향하고 있다는 점에서 바람직한 공생·공영의 모델이 아닐 수 없습니다.

인간은 본래 더 많이 챙기기 위해 욕심을 부리거나 싸우게 돼 있지 않습니다. 부모가 자녀에게 아무런 대가 없이 모든 것을 주듯이 서로 부족함을 채워주고 나보다 상대를 위해 자신을 희생하는 것이 인간의 참된 모습입니다. 그리고 개인 사이에 장벽이 생기고 사회나 국가, 세계가 경계선을 중심으로 갈라져 갈등과 분쟁을 일으키는 것은 인간의 탐욕과 집단이기주의 때문입니다.

여기서 우리 인간이 지향해온 본질의 문제를 생각하지 않을 수 없습니다. 본질은 변화하지 않는 근본적 성질이나 모습이란 점에서 인간 본연의 모습은 어느 시대나 존재론적 화두였습니다. 플라톤이 변화하는 물질적 대상들로부터 멀리 떨어져 있는 이데아(idea)를 참된 본질로 본 것처럼 인간사회는 여기에 도덕적 기준을 맞추는 등 끊임없이 다가가려고 노력해 왔습니다. 특히 기독교는 타락하지 않은 인간, 즉 창조본연의 모습을 그려왔고, 인류역사는 이러한 본래 인간으로의 회복을 목표로 삼아왔습니다. 그런 점에서 인류문명사도 누구나 차별없이 행복하게 살아가는 이러한 이상세계를 추구하지 않을 수없었던 것입니다.

인간사회의 불평등을 불러온 탐욕

인간사회에는 언제부터 남들과의 치열한 경쟁을 치러야만 살아남을 수 있게 된 것일까요? 만일 이러한 경쟁이 없이 자기 것을 챙기지 않고 서로 나누면서 살아갈 수 있는 길은 없을까요?

인간이 살아가기 위해서는 치열하게 일을 해야 했습니다. 지금도 노동의 대가를 통해 의식주 문제를 해결해 나가고 있습니다. 일은 어쩌면 신성한 것이지만 한정된 자원으로 인해 열심히 일을 하지 않으면 살아가기가 어려웠습니다. 특히 대규모 생산의 필요성 때문에 중세봉건사회처럼 주종관계가 성립되고, 산업화의 과정을 거치면서 숙련된 노동자들을 우대하는 계급 구조가 생겨나기 시작했습니다.

그런데 이렇게 열심히 일을 해야만 먹고사는 문제를 해결할 수 있는 구조적 문제가 어떻게 생겨났는가 하는 것에 관심을 가질 필요가 있습니다. 이 문제를 해결하지 않으면 소득의 불평등 문제도 해결될 수 없기 때문입니다.

우선 성경 창세기에서 실마리를 찾을 수 있습니다. 본래 하나님은 먹고살 수 있는 환경을 만들어주었지만 인간조상의 타락 이후 "죽는 날까지 수고를 하여야만, 땅에서 나는 것을 먹을 수 있을 것이다."(3:17), "얼굴에 땀을 흘려야 낟알을 먹을 수 있을 것이다."(3:19)라고 말한 것처럼 노동은 하나님의 말씀을 거역한 대가로도 볼 수 있습니다.

즉 하나님은 인간조상을 창조한 뒤 "동산에 있는 모든 나무의 열매는, 네가 먹고 싶은 대로 먹어라. 그러나 선과 악을 알게 하는 나무의 열매만은 먹어서는 안 된다. 그것을 먹는 날에는 너는 반드시 죽는다."(2:16~17)는 경고를 하지만, 그들은 "하나님은, 너희가 그 나무 열매를 먹으면 너희의 눈이 밝아지고, 하나님처럼 되어서, 선과 악을 알게 된다는 것을 아시고, 그렇게 말씀하신 것이다."(3:5)라고 하는 뱀의 유혹에 넘어가면서 타락의 길로 접어들었습니다.

결국 '하나님처럼' 되고자 하는 탐욕으로 인해 인간조상은 범죄를 저질렀고, 치열하게 일을 해야만 먹고 살아갈 수 있는 운명에 처하게 된 것입니다. 그리고 하나님은 타락인간을 구원하기 위한 섭리를 지금까지 전개했고, 하나님이 본래 인간조상에게 "생육하고 번성하여 땅에 충만하여라. 땅을 정복하여라. 바다의 고기와 공중의 새와 땅 위에서 살아 움직이는 모든 생물을 다스려라."(1:28)고 축복한 창조본연의 세계를 다시 찾는 것이 인간이 해야 할 일이자 하나님의 뜻이라는 것이 성경의 일관된 관점입니다. 그래서 우리는 인류역사가 누구나 차별없이 행복하게 살아가는 세상을 회복하고자 하는 하나님의 뜻과 무관하지 않다는 것을 눈여겨볼 필요가 있습니다.

창세기가 인간세상이 안고 있는 불평등의 근원으로서의 탐욕을 제기한 것처럼 성인들도 이를 가장 중요한 문제로 보고 해결책 마련에 나선 것입니다.

예수는 부(富)의 불평등 문제를 누구보다 가장 심각하게 보았습니다. 모든 계명을 지켰다는 부자 한 사람이 예수에게 "내가 영원한 생명을 얻으려면, 무엇을 해야 합니까?"(마가복음 10:17)라고 묻자 아주 단호하게 "네가 가진 것을 다 팔아서, 가난한 사람들에게 주어라."(10:21)고 말합니다. 예수는 그 사람이 재산 때문에 자신을 따르지 못하는 것을 보고 "부자가 하나님의 나라에 들어가는 것보다 낙타가 바늘귀로 지나가는 것이 더 쉽다."(10:25)면서 재산을 가진 사람은 하늘나라에 들어가기가 참으로 어렵다고 말합니다.

결국 물질은 영원한 생명과 직결되기 때문에 가진 것을 다 내려놓아야 한다는 것입니다. 이것이 오늘날 빈부격차를 줄일 수 있는 근원적 처방일 수 있습니다.

붓다 역시 탐욕을 가장 경계한 성인입니다. 붓다의 가르침의 핵심은 괴로움에 대한 통찰로부터 시작됩니다. 붓다가 깨달음 이후 다섯 비구에게 최초로 설법한 사성제(四聖諦)는 고(苦)·집(集)·멸(滅)·도(道), 즉 '이 세계는 괴로움(苦)이며, 괴로움의 원인(集)은 욕망이고, 괴로움을 소멸(滅)하기 위한 길(道)'에 대한 가르침을 말합니다.

붓다는 괴로움을 없애는 방법으로 욕망을 내려놓아야 한다고 가르쳤습니다. 그리고 인간이 가장 경계해야 할 것으로 탐욕(貪慾)·진에(瞋恚·성냄)·우치(愚癡·어리석음) 삼독(三毒)을 들고 있습니다. 불교에서 말하는 식욕·색욕·재물욕·명예욕·수면욕의 5욕과 마찬가지로 이 탐·진·치의 근본은 탐욕이라고 볼 수 있습니다.

이렇듯 성인들은 인간사회에 불평등과 불행이 닥치는 것은 인간의 욕망 때문이라고 보고 이를 제거하기 위해 가장 강조한 것이 비움과 나눔, 즉 사랑입니다. 특히 예수는 "네 이웃을 네 몸과 같이 사랑하여라."(마태복음 19:19)고 역설했습니다. 나보다 남을 먼저 배려하고, 나 자신보다 이웃을 더 사랑할 때 부의 불평등 문제는 근원적으로 해결될 수 있기 때문에 성인들은 한결같이 사랑을 외쳤던 것입니다.

그리고 우리가 눈여겨봐야 할 것이 가족 사랑을 이웃과 사회·국가·세계로 확대하는 것입니다. 부모가 자식을 사랑하듯이 이웃을 사랑한다면 부의 불평등도 자연스럽게 해소될 수 있습니다. 만일 북유럽처럼 세금에 대한 국민의 공감대가 형성된다면 가난한 이웃들을 위한 사회보장제도가 쉽게 뿌리를 내릴 수 있을 것입니다.

그런 점에서 인간의 본질 회복과 모두가 행복하게 살아갈 수 있는 세상을 만들기 위해 노력해온 성인들의 가르침을 토대로 오늘날 우리 인류가 해야 할 일을 놓고 지혜를 모아야 할 때가 됐다고 봅니다. 우선 우리 마음이 시대 흐름을 따라가면서 본성을 되찾아야 합니다. 개인이 바로 서지 못한다면 늘 불행이 뒤따르지 않을 수 없기 때문입니다.

여기서 사서삼경 가운데 하나인 《대학》에서 강조하는 '수신제가치국평천하(修身齊家 治國平天下)'를 들지 않을 수 없습니다. 올바른 선비가 되기 위해서는 먼저 자기 몸을 바르게 가다듬은 후 가정을 돌보고, 그 후 나라를 다스리며, 그런 다음 천하를 경영해야 한다는 뜻입니다. 요즘 세상에 갈등과 분쟁이 잦고, 행복한 사람보다 불행한 사람이 많은 것은 결국 개인이 올바로 서지 못했기 때문입니다. 그리고 개인이 올바른 인격자가 되지 못한 것은 가정에서 부모사랑·부부사랑·자녀사랑·형제사랑 속에서 제대로 교육을 받지 못한 채 성장한 탓이기도 합니다.

그런 점에서 인간이 다 함께 행복하게 살아갈 수 있는 공동체를 만들기 위해서는 인간의 본질 회복과 함께 이웃을 사랑하고 배려하는 참된 인격을 갖추는 것이 무엇보다 중요합니다. 그리고 참사랑이 넘치는 참된 가정을 실현하고 그러한 기반 위에 모두가 행복한 사회와 국가, 세계를 만들어야 합니다. 그럴 때만이 모든 인간이 차별 없이 골고루 나누면서 살아갈 수 있는 공동체가 이뤄지게 되고, 인간사회의 모든 갈등과 분쟁이 사라지면서 자유·평등·평화의 꿈이 실현될 것입니다.

다 함께 행복한 공동체로의 전환

인류의 꿈은 다 함께 행복하게 살아가는 세상을 실현하는 데 있습니다. 비록 공산주의가 70여 년 만에 막을 내렸지만 그들 역시 명분은 재산의 공동소유를 통해 빈부격차가 없는 정의로운 공동체사회를 만드는 것이었습니다. 공자는 모두가 하나로 융합되고 인(仁)이 실현되는 대동사회(大同社會)를 제시했습니다. 도가사상에서는 인위적인 것을 거부하고 무위자연(無爲自然)의 삶을 실현하는 것을 이상사회로 그렸습니다. 고대 그리스의 플라톤은 오랜 교육과 엄격한 훈련을 통해 선의 이데아에 관한 절대적 지식과 지혜를 갖춘 현명한 철학자가 다스리는 이상국가론을 펼쳤습니다.

그러나 이러한 인간의 꿈은 아직까지 요원합니다. 그것은 이상사회가 이뤄지기 전에 그 구성원들이 그러한 세상에서 살 만한 준비가 돼 있지 못했기 때문입니다. 그렇지만 인류는 그러한 꿈을 향해 꾸준히 내달려왔고, 지금 그 가능성이 점차 보이고 있습니다. 국가가 저소득 계층을 위한 복지정책을 펼치고 있고, 현대사회도 인간을 옭아매온 각종 경계선이 무너지고 인간 사이의 불평등이 상당 부분 해소되면서 빈부격차 역시 해결 가능성이 열려 있기 때문입니다.

급격한 변화, 예외는 없다

세계는 변화합니다. 영원한 것은 없다는 것을 보여준 사례가 1789년 7월 14일 왕권의 상징이자 원한 서린 바스티유 감옥의 함락으로 시작된 프랑스혁명입니다. 여기에 고무된 민중들은 전국 방방곡곡에서 부르봉 왕정에 반기를 들고 일어나면서 영주의 성이 습격당하고 국민의회는 봉건적 특권을 폐지한다고 선언하게 됩니다. 결국 왕과 귀족들은 물러설 수밖에 없었습니다.

신권왕정 밑에서의 프랑스 국민은 단순히 국왕의 신하에 불과했습니다. 그 위에 소수의 귀족과 성직자들만이 별도의 특권신분을 구성하고, 국민의 90퍼센트를 차지한 평민층의 근로와 납세 덕분에 특권층은 무위도식하고 있었습니다.

이러한 상황에서 루이 16세는 악화된 재정을 메우기 위해 세금 문제를 다룰 전국신분회(삼부회)를 소집했습니다. 성직자와 귀족, 평민 대표들이 왕의 세금 정책에 손만 들어주는 거수기 역할을 하기 위해서 소집된 것이지만 평민 대표들은 그 역할을 거부하고 나섰습니다. 전체 농지의 40퍼센트 이상을 차지하고 있으면서도 세금 한 푼 안 내는 귀족과 성직자들의 횡포를 더 이상 보고만 있을 수 없었던 것입니다.

결국 평민 대표들은 국민의회를 구성했고, 왕이 이를 진압할 계획을 세우게 되자 시민들은 구체제의 상징이었던 바스티유 감옥으로 쳐들어갔던 것입니다. 프랑스혁명은 서민들에게 새로운 세상을 만들 수 있다는 희망과 용기를 주었고, 근대 시민국가·자유주의·민주주의를 탄생시키는 모델이 됐습니다.

특히 프랑스 인권선언문에 "국민의회로 모인 우리 프랑스 인민의 대표들은 인권에 대한 무지와 경시, 멸시가 공공의 불행과 정부 부패의 원인이라는 점을 잘 알기 때문에 이 엄숙한 선언을 통해 인간은 태어나면서부터 누구에게도 넘겨줄 수 없는 신성한 권리가 있다는 점을 명백히 하기로 결의했다."고 밝히면서 "인간은 태어나면서부터 자유와 평등의 권리를 가진다."(인권선언 제1조)고 선언합니다. 그리고 사상과 언론의 자유, 압제에 저항할 권리도 명시했습니다.

그러나 민중들은 왕과 귀족, 성직자의 특권에 저항해 혁명을 일으켰지만 '가난한 민중들은 무식해서 합리적 판단을 할 수 없다.'고 생각한 부르주아들에 의해 여전히 소외되고 말았습니다. 그들은 선거권을 가지고 정치에 참여하는 것은 교양이 있고 일정한 금액 이상의 세금을 낼 수 있는 자신들 같은 사람의 몫이라고 생각했습니다.

그러다 보니 민중과 여성은 '자유롭고 평등한 인간과 시민의 권리'를 누릴 수 없었습니다. 결국 루이 16세가 단두대에 오르면서 공화정이 시작됐지만 반쪽 혁명에 머물렀습니다. 여기다가 공화정의 지도자 로베스피에르는 혁명을 지킨다는 명분을 내걸고 공포정치를 시행하면서 자유와 평등의 꿈은 큰 벽에 부닥치고 말았던 것입니다. 그렇지만 이후 프랑스혁명은 공산주의 또는 사회주의 운동에 정신적 기반을 제공하는 등 인류역사의 큰 전환점을 이룩했습니다.

프랑스혁명의 자유와 평등이념에 절대적인 영향을 받은 마르크스와 엥겔스는 부르주아지(자본가계급)가 취약하고 무력했던 독일에서는 그들이 혁명의 주체는 될 수 없다고 보고 프롤레타리아트(근대 노동계급)를 혁명의 주체로 삼게 됩니다.

그리고 자본주의 등 기존 사회의 문제점을 비판하면서 그 대안으로 공산주의 사회를 내세웠습니다. 공산주의 사회는 해방된 공동체이며 여기서는 억압이나 착취와 같은 기존 사회의 문제들이 모두 해소돼 모든 인간이 자유롭고 평등하게 살 수 있다는 것입니다.

특히 마르크스에 의하면, 인간은 자유롭고 의식적인 활동인 노동을 통해 자신의 전면적인 능력을 발휘하고 이를 통해 자신을 확인하는 사회적 존재입니다. 그런데 자본주의 사회와는 달리 공산주의 사회에서는 사적 소유의 철폐를 통해 이러한 노동 소외가 극복되고, 이를 통해 인간의 본질이 실제적으로 회복돼 인간다운 모습을 갖추게 된다는 것입니다. 따라서 사적 소유가 지양된 공산주의에서는 노동자만 해방되는 것이 아니라 보편적인 인간해방이 이루어지면서 인간의 고유한 능력과 개성을 전면적으로 발휘할 수 있게 된다고 주장합니다. 그러나 이러한 공산주의의 꿈도 70여년 만에 산산조각이 나게 됩니다.

이렇듯 인류는 이상사회 실현을 위해 여러 가지 실험을 하지만 많은 부작용을 남긴 채 실패하고 맙니다. 마르크스가 주장한 것처럼 자신의 능력에 따라 일하고 필요에 따라 분배를 받는 평등한 사회가 이뤄질 수 없었던 것은 이론 자체도 문제이지만 그것을 실현해 나가는 인간들이 현실에 적용할 수 있는 자세가 되어 있지 않았기 때문입니다. 다시 말하면 이론은 그럴듯하지만 소련이나 북한 정권에서 보듯이 그것을 실현할 인간이 탐욕을 버리지 못한 채 독재체제로 가면서 오히려 가난하고 억압받는 사회로 전락하고 말았습니다.

인류가 추구해온 이상사회는 정치적으로는 민주주의를 토대로 인간의 기본적 권리가 존중되고 자유와 평등의 가치가 실현돼야 하며, 경제적인 측면에서는 공정한 경제제도를 바탕으로 분배 정의가 실현돼야 하고, 사회·문화적인 측면에서는 관용과 다원성의 가치를 존중하며 다양한 삶의 양식이 수용돼야 합니다. 어쨌든 인류는 이러한 이상사회 실현을 위해 노력하고 있지만, 가장 중요한 것은 이러한 이상을 실현할 수 있는 인간이 어떻게 되느냐 하는 것입니다.

다 함께 행복을 누리는 세상

인간은 누구나 자기가 이상 하는 사회를 꿈꿔본 적이 있을 것입니다. 그것은 나름대로 자신의 인생관이나 세계관, 역사관 등이 담겨 있겠지만 누구나 더 나은 세상을 그려보는 것은 자연스러운 욕구라고 볼 수 있습니다. 프랑스혁명이 자유·평등·박애를 내건 것이나 동학농민운동이 탐관오리들의 수탈이 없는 평등사회를 추구한 것에서 보듯이 어느 시대, 어느 사회나 누구나 잘 살 수 있는 새로운 세계를 만들기 위해 노력해왔습니다.

그러나 그러한 이상사회는 사회의 변혁·발전과 함께 인간의 근본적 변화가 없이는 불가능하다는 것입니다. 최제우가 1860년 유·불·선과 같은 기존의 사상들로는 현실의 위기를 극복할 수 없다고 보고, 당시의 여러 사상들을 정리·융합하여 동학을 창시한 것도 마찬가지입니다. 동학교도들은 조선 말기의 심각한 혼란을 수습하기 위해 인내천(人乃天)이 구현되는 동귀일체(同歸一體)의 공동체 사회를 그리면서 인간의 근본적 변화를 통한 사회개혁에 나섰지만 이 역시 한계를 보였습니다. 그렇지만 이상사회를 향한 인간들의 끊임없는 도전과 노력은 사회를 한 단계 더 변화시키고 발전하게 만들었습니다.

토머스 모어가 쓴 책인 《유토피아》에는 히스로디라는 선원으로부터 들은 이상의 나라 '유토피아'의 제도와 풍속 등이 기록돼 있습니다. 초승달 모양의 유토피아는 같은 말과 유사한 풍습을 가진 54개 마을로 구성돼 있고, 이곳의 시민들은 가난도 없고 사치나 낭비도 없습니다. 성인들은 남녀를 가리지 않고 하루 6시간을 일하고 나머지 시간은 잠자거나 오락과 연구 활동에 활용합니다. 시장의 창고에 물품이 쌓여 있기 때문에 언제나 필요할 때 가져와서 사용할 수 있습니다. 그러다 보니 열쇠로 걸어 잠가둘 필요가 없습니다. 이렇듯 모어는 소유와 생산에 있어서 서로 평등하고 경제적으로 궁핍하지 않으며, 도덕적으로 타락하지 않은 사회를 유토피아로 설정하고 있습니다.

그렇다면 이러한 세상은 불가능할까요? 결국 우리 인간이 자기만을 앞세우면서 더 많이 챙기려고 아귀다툼을 하는 상황에서는 어떠한 제도나 방식으로도 유토피아는 올 수 없다는 것입니다. 그래서 그동안 토머스 모어가 주장한 유토피아를 실현하기 위한 노력이 없었던 것은 아니지만 시민으로부터 별다른 공감을 얻지 못한 것은 이러한 인간의 한계를 넘지 못했기 때문입니다.

현재 세계 곳곳에 공동체 마을이 있습니다. 이러한 공동체가 인기를 끄는 것은 알코올이나 마약 중독, 스트레스, 우울증, 소심증, 자폐증 등에서 벗어나고자 하는 사람들을 위한 치유센터의 역할을 하고 있기 때문입니다. 이들 공동체는 명상이나 요가 등 정신치료법을 통해 영혼의 깊은 상처를 치유하고 있습니다. 특히 이들은 마음속에 쌓여 있는 나쁜 기운이나 원한 등은 밖으로 분출한 뒤 새로운 에너지나 욕구를 마음껏 채울 것을 권고합니다.

우리가 눈여겨봐야 할 공동체는 유럽 퀘이커들의 공동체인 '우드부룩'입니다. 1870년 경 초콜릿 회사를 경영하여 큰 부자가 된 퀘이커교도 조지 케드베리가 자신이 살던 집을 기부하면서 시작된 이곳은 마하트마 간디, 함석헌, 윤보선, 넬슨 만델라 같은 유명 인사들이 찾았던 세계적인 영성 공동체입니다.

이 공동체는 설교자나 인도자가 없고, 구성원들의 토론과 대화를 통해 모든 일들이 결정됩니다. 그리고 퀘이커들이 자유로우면서도 진지한 신앙공동체를 유지해온 것처럼 매일 아침 30분과 저녁 15분, 일요일은 1시간씩 종교모임을 갖지만 참석자들이 둥그렇게 앉아 침묵의 시간을 보낸 뒤 옆 사람과 악수하며 인사를 나누는 것으로 종료를 하게 됩니다. 구원성 전체가 동의할 경우 이웃종교의 찬송을 듣거나 경전을 읽을 만큼 퀘이커들은 포용력을 보이고 있습니다.

우드부룩 공동체 구성원들은 지나치다 싶을 정도로 청빈하게 보내지만 소외받는 사람들을 돕거나 사회문제에도 관심을 가지고 있습니다. 한국전쟁 때는 군산에서 병원을 운영하기도 했습니다. 특히 퀘이커들은 죽음을 앞두고 퀘이커 재단에 재산을 헌납하는 전통을 가지고 있습니다. 퀘이커는 30여만 명에 불과하지만 세계에서 가장 강력한 평화운동과 비폭력운동의 선구자 역할을 해내고 있는 것은 누구나 차별없이 받아들일 수 있는 포용정신이 살아 있기 때문입니다.

그동안 동서양을 막론하고 수많은 사상가와 정치가들이 이상사회의 이념을 제시해왔지만 아직까지 그러한 이상사회는 실현되지 못하고 있습니다. 그 것은 결국 우리 인간의 정신세계를 온전히 바꿀 수 있는 대안이 제시되지 못했기 때문입니다. 그래서 현재 인류가 더욱 평화롭고 더 나은 세상을 살아가기 위해서는 국가와 인종, 종교 등 모든 경계선을 뛰어넘어 나보다 남을 먼저 생각하는 참사랑의 공동체 정신을 살려 나가면서 근원적 대안을 찾아야 합니다.

요즘 우리 사회를 이끌고 있는 지도자들은 정파의 이익이나 개인의 이익에 눈이 어두워 도덕적으로 지탄받는 일을 서슴지 않고 행하고 있습니다. 공산주의가 막을 내린 것도 지도자들의 자질 문제 때문이었다고 생각할 때 누구나 차별없이 행복을 누릴 수 있는 공동체가 자리잡기 위해서는 우선 어떻게 하면 참된 인간이 되느냐 하는 데 관심을 기울여야 합니다.

그리고 사회 구성원들이 자아실현과 더불어 선한 삶을 최고의 목표로 삼고 살아갈 수 있는 환경을 만들어가는 것도 중요합니다. 공자가 춘추전국 시대가 혼란한 원인이 도덕적 타락에서 기인한 것으로 보고 도덕적으로 완성된 성인이 국가를 다스리고, 사회 구성원들이 자신의 역할을 충실히 수행하면서 하나로 어우러지는 대동사회를 실현하고자 했던 것도 눈여겨봐야 할 것입니다. 그 사회에서는 자기 부모와 자식만을 부모나 자식으로 생각하지 않고 남의 부모와 자식도 내 부모, 내 자식과 똑같이 생각하며, 늙은이는 여생을 편안히 마치게 되고 젊은이는 각각 자기의 적성과 능력에 맞는 일자리에서 활동하게 되기 때문에 집집마다 문을 열어 두고 닫는 일이 없다는 것입니다. 이제 그 꿈은 단지 이념에 머물지 않고 우리 모두 먼저 실천할 때 이뤄지게 되리라고 봅니다.

인위적 장벽 붕괴와 가치관의 혼란

인류에게 대표적인 이기주의의 상징물이 각종 경계선입니다. 개인과 가정·국가·세계는 물론 인종과 종교, 문화 등 대부분의 영역 사이에는 장벽이 가로놓여 있습니다. 이것이 서로 미움과 다툼으로 나타날 때도 있고, 진영 간의 편 가르기로 작용하기도 합니다. 이는 따지고 보면 마음과 몸의 갈등에서 그 원인을 찾을 수 있습니다.

성인들은 인간의 이러한 모순을 해결하기 위해 탐욕을 내려놓고 서로 사랑할 것을 당부했습니다. 이제 첨단과학기술의 발전으로 인해 인간을 옭아매왔던 외적인 경계선은 상당히 걷히고 있습니다.

그런데 아직도 인간의 몸·마음이 안고 있는 모순을 해결하지 못하고 있고, 인간 사이의 장벽이 견고하다는 점입니다. 이 문제를 해결하기 위해서는 나보다는 남을 먼저 배려하면서 온 인류가 오순도순 행복하게 살아가는 공동체를 만드는 길밖에 없습니다.

장벽 때문에 일어난 갈등과 분쟁

인간사회는 그동안 여러 형태의 장벽 때문에 갈등과 전쟁을 벌이면서 혹독한 희생을 치렀습니다. 그렇지만 인간은 선을 지향하는 본성이 남아 있는 관계로 도덕과 규범을 만들고, 성인들을 중심으로 종교가 출현하여 인간사회를 계도해왔습니다. 그리고 국가에서는 법을 만들고 학교나 가정에서는 정직하게 살아갈 것을 가르치면서 오늘날까지 인간사회가 유지돼왔습니다.

인류사회의 가장 큰 경계선은 주권국가의 공간적 관할권이 배타적으로 미치는 범위로서 국가 간 영토나 공해를 가르는 국경선입니다. 국경선은 산맥·하천·호수 등 자연적 지형을 중심으로 17~18세기 근대 주권국가가 성립되면서 나타나기 시작했습니다.

그런데 이웃국가들이 국경의 설정문제를 둘러싸고 당사국 간에 이해관계가 상충하면서 영유권 분쟁에 휘말렸습니다. 대표적인 사례로 1962년 티베트 국경을 둘러싼 중국과 인도의 분쟁과 1969년 중·소 국경분쟁, 독도를 둘러싼 한·일간의 분쟁을 들 수 있습니다. 독도는 1953년부터 한국경비대가 상주하고 있지만 일본은 기회가 있을 때마다 자국의 영토라고 주장하면서 양국간에 갈등이 지속되고 있습니다.

종교 역시 겉으로는 서로 사랑과 자비, 용서 등을 내세우지만 세계 분쟁 지역의 가장 큰 배경이 되고 있습니다. 종교적 배타성 때문에 일어나는 이러한 분쟁 가운데 대표적 사례로 '중동의 화약고' 이스라엘과 팔레스타인의 분쟁을 들 수 있습니다.

유대인들은 1948년 이스라엘을 건국하면서 주변의 이슬람 국가들과 분쟁을 벌인 뒤 네 차례의 중동전쟁을 치렀습니다. 그리고 구소련의 해체 이후 동유럽 지역은 자유화 물결로 구 유고슬라비아가 해체되면서 보스니아 계와 세르비아 계 사이에 종교적 분쟁이 일어났습니다.

교황 이노센트 3세는 1208년 남프랑스의 알비와 툴루즈를 중심으로 알비즈와 파(派)가 세력을 떨치자 이단으로 내몰아 십자군을 보내 수많은 사람을 살해하거나 화형을 하게 됩니다.

그리고 1419년 체코 출신의 종교개혁가인 얀 후스가 화형에 처해져 사망한 후 그의 교시를 받들던 보헤미아인들이 반란을 일으키자 교황 마르티누스 5세는 이들을 이단으로 단죄하고 10년간에 걸쳐 십자군을 동원하여 전쟁을 일으켰습니다.

교황 우르바누스 2세가 1095년 "서구의 기독교도여, 높은 자나 낮은 자나 부한 자나 가난한 자나 근동의 기독교인을 구원하는 일에 진군하자. 하나님이 그들을 인도하시리라. 하나님의 정의를 위해 싸우다 쓰러지는 자에게는 죄 사함이 있으리라."고 호소하면서 시작된 십자군전쟁은 팔레스티나와 예루살렘을 탈환하기 위해 8회에 걸쳐 감행됐습니다. 이렇듯 교황이 전쟁에 직접 나서면서 종교 전체가 분쟁에 휩쓸린 사례는 수없이 많습니다.

여기다가 영국계의 신교도와 아일랜드계의 가톨릭교도 사이에서 일어난 북아일랜드 분쟁, 독일에서 신교와 구교가 벌인 30년 전쟁, 다수파 불교도인 싱할리족과 소수파인 힌두교도 타밀족 간에 일어난 스리랑카 분쟁, 파키스탄의 이슬람교도와 인도의 힌두교도 간에 지속되고 있는 캐슈미르 분쟁, 이슬람교 다수파에 속하는 수니파의 이라크와 소수파에 속하는 시아파 이란 사이의 분쟁 등 종교전쟁은 끊이질 않았습니다. 그야말로 종교의 이중성이 적나라하게 노정된 사례들입니다. 여기서 종교전쟁은 종교적인 문제에 한정된 것만이 아니라 종교가 영토와 권력 등 세속적인 문제에까지 개입하다 보니 크게 확대됐습니다.

19세기 중반까지도 유지돼온 노예제도도 인종문제의 대표적 사례입니다. 미국은 노예제를 둘러싸고 남북전쟁까지 치렀습니다. 아직도 인종의 전시장이라고 할 수 있는 미국에서 유색인종에 대해 관습적인 차별이 이루어지면서 사회적 이슈로 부각되고 있습니다.

동남아시아에서 일어나는 소수민족에 대한 극단적인 차별과 탄압도 인종차별의 사례입니다. 피부나 모발, 골격 등 생물학적 차이 때문에 일어나는 것이 인종차별과 갈등입니다. 이는 서구사회가 식민지 제도를 정당화하기 위해 백인 우월주의를 확산시키면서 촉발된 측면이 강합니다. 인종문제의 대표적 사례가 히틀러의 유대인 홀로코스트를 비롯하여 아프리카 흑인, 아메리카의 인디오, 오스트레일리아의 애버리지니 등을 참혹한 죽음으로 내몰았던 사건입니다.

우리 사회에도 이미 많은 이주민이 들어와 있고 다문화 가정과 혼혈 세대가 점점 늘어나고 있습니다. 우리 사회가 건강하고 평화롭게 살아가기 위해서라도 인종적·문화적 편견은 반드시 극복돼야 합니다. 피부색이 인간의 우열을 판단하는 근거가 될 수 없고, 그러한 편견은 집단이기주의의 한 사례일 뿐입니다.

그리고 여성 차별과 세대 간의 갈등, 권력과 신분상의 주종관계로 인한 갈등 등 수많은 문제가 인간 사이에 가로놓인 장벽으로 인해 일어났습니다. 더구나 빈부귀천으로 인한 인권 문제도 인간사회에 언제나 제기돼온 불평등의 중요한 사례로 볼 수 있습니다.

허물어진 장벽 뒤에 가려진 가치관의 혼란

교통수단의 발달로 인해 지역 간의 경계가 무의미해진 것처럼 현대사회는 첨단정보기술에 의해 견고했던 장벽들이 하나둘 무너지고 있습니다. 공산주의 이념문제로 세계가 갈라지고 베를린 장벽과 같이 견고한 국경선을 놓고 분쟁을 벌여왔지만, 탈이념 현상으로 그것 역시 힘을 쓰지 못하고 있습니다.

그리고 현대사회의 급격한 변화를 이끌어가는 것은 첨단정보통신기술입니다. 오늘날 정보통신기술의 발달로 시공간을 초월하면서 세계가 마치 하나의 촌락처럼 움직이는 지구촌 사회가 형성되고 있습니다. 특히 뉴스를 보면서 정보를 얻고 지구 반대편의 친구와 메시지도 주고받게 되는 스마트폰은 정보통신기술의 집약체라고 할 수 있습니다. 디지털 정보기술은 인위적 장벽을 상당 부분 무너뜨리는 데 큰 역할을 해왔습니다.

이와 함께 개인의 자유와 평등사상을 중시하는 시민사회로 접어들면서 인간의 지위를 구분해온 신분제도가 무너지고 있습니다. 우리나라 전통사회에서는 지배계급과 피지배계급의 신분구조가 형성돼왔고, 서구의 전통사회는 노예제가 붕괴된 이후 농노제가 한동안 자리를 잡았지만 지금은 그러한 신분

질서가 무너지면서 어느 누구도 신분에 따른 차별은 받지 않고 있습니다. 이는 누구나 고유한 인격체로서 존중을 받아야 하기 때문에 특정 개인이 차별 대우를 받는 것은 용납되지 않는 것입니다.

그런데 지금은 미증유의 전환기를 맞아 그동안 인간사회가 만들어놓은 윤리도덕까지 허물어지고 있다는 점입니다. 대표적 사례가 전통적 가정의 붕괴 현상입니다. 우선 남성과 여성이라는 성별의 경계가 무너지고 동성애가 확산되면서 성인 남녀가 결혼을 통해 가정을 이뤄온 오랜 관행이 무너지고 있다는 것입니다.

국내에서는 최근에 성 전환 수술로 인해 강제 전역 조치된 하사와 대학 입학을 포기해야만 했던 두 명의 트랜스젠더를 놓고 성소수자에 대한 차별문제가 제기됐습니다. 그동안 우리 사회 일각에서 이들과 같이 여러 이유로 차별당하는 사람들을 구제하기 위한 포괄적인 차별금지법 제정을 촉구해 왔습니다. 물론 성소수자 의제는 차별금지법에서 가장 쟁점이 되는 이슈입니다.

군인의 경우 태국에서 성전환 수술을 받은 뒤 부대에 복귀했지만 군병원에 의해 '심신장애 3급' 판정을 받은 이후 강제 전역 조치가 내려졌고, 대학에 합격한 사람 역시 남성에서 여성으로 성별 정정 판정까지 받았으나 학교 내 여론의 벽을 넘지 못한 채 스스로 입학을 포기하게 됐습니다. 그만큼 국내에서는 아직까지 성소수자의 행태를 받아들이지 못하고 있는 상황입니다.

그렇다면 남녀라는 구분까지 무너지고 있는 것은 어쩔 수 없는 현상일까요? 그동안 남녀 간에 가장 큰 논란거리는 여성에 대한 차별 관행입니다. 유사 이래 남녀차별은 대대로 이어져왔고, 자유와 평등을 내세우는 현대사회에도 여전히 그 잔재가 사라지지 않고 있습니다.

한국 사회 역시 오랫동안 유지돼온 가부장제의 전통이 남아 있고, 출산과 육아, 가사 노동 등을 여성이 담당해온 관습으로 인해 직장이나 사회에서 여성들의 지위나 처우는 여전히 개선되지 않고 있습니다. 특히 1988년에 '남녀고용평등법'이 제정된 후 여러 차례 개정을 거쳐 여성근로자의 차별을 철폐하고 여성근로자가 직장 활동을 하면서 집안일을 돌볼 수 있도록 지원하는 다양한 제도를 마련하고 있지만, 아직도 여성이 맘껏 일하면서 출산과 육아, 가사를 병행한다는 것은 쉽지 않습니다.

그런데 성소수자 문제를 이 같은 남녀차별 문제로 볼 수 있느냐 하는 것입니다. 그것은 남녀의 고유한 가치를 허물고 남녀의 사랑은 출산과 양육이라는 틀에서 벗어나서는 안 된다고 보는 이들이 많습니다. 즉 임금과 신하, 어버이와 자식, 남편과 아내 사이에 마땅히 지켜야 할 도리를 규정한 삼강오륜(三綱五倫)에서 부부 사이에는 서로 침범치 못할 인륜(人倫)의 구별이 있다는 '부부유별(夫婦有別)'을 강조하고 있듯이 이 문제를 윤리적 관점에서 보고 있다는 것입니다.

그렇지만 캐나다와 영국 등 여러 나라에서는 공개 장소에서 성소수자 및 인종을 포함한 특정 사회적 집단에 대해 경멸적 발언을 하는 경우 처벌까지 받을 수 있습니다.

동성애가 처벌을 받게 된 것은 538년 로마제국의 유스티니아누스 1세 때 동성애자를 포함해 '자연에 반하는 행위를 하거나 여타 방식으로 신을 모독하는 자'를 고문한 뒤 화형에 처하도록 규정하면서부터입니다. 그러다가

1791년 프랑스혁명 이후 프랑스가 형법에서 최초로 동성애를 처벌 대상에서 제외했습니다. 그 후 여러 서구 국가들이 동성애금지법을 폐지한 데 이어 마침내 2001년 4월 1일 네덜란드를 시작으로 미국 프랑스 독일 등 30여 개국이 동성결혼을 합법화했습니다.

인간사회는 남녀가 이성끼리 사랑하는 것을 정상적인 것으로 생각해왔습니다. 그러나 동성끼리 사랑하는 것도 유전적인 것이나 호르몬, 환경적 영향 등으로 인해 나타나는 자연스러운 성적 지향일 뿐이기 때문에 편견을 가져서는 안 된다고 동성애자들은 보고 있습니다. 특히 남자든 여자든 성적으로 끌리는 사람과 사랑을 나누는 것을 놓고 차별적 시각에서 보지 말라는 것이 이들의 주장입니다.

현재 기독교계의 경우 동성애 문제에 대해 적극적으로 반대활동을 펼치고 있습니다. 이는 결국 성적·윤리적 타락으로 연결되고 가정의 붕괴를 가속화할 것으로 보기 때문입니다. 특히 기독교는 동성애를 남성과 여성을 창조한 신의 뜻을 거스르는 행위로 보고 있습니다.

그리고 자녀를 얻을 수 없는 동성 간의 성 행위는 쾌락을 추구하는 데 목표가 있다는 것입니다. 어쨌든 모든 장벽이 무너지면서 남녀 간의 차별도 사라지고 있지만 이성애가 아닌 동성애는 인간사회의 근본을 흔든다는 점에서 진정한 가족 사랑이 무엇인가를 발견하고 시의적절한 가치관을 모색해야 할 때가 됐습니다.

성경에는 인간조상이 선과 악을 알게 하는 나무의 열매를 따먹지 말라는 하나님의 경고를 무시하고 뱀의 유혹에 넘어가면서 에덴동산에서 쫓겨나는 이야기가 나옵니다. 결국 더 이상 에덴동산에 들어갈 수 없도록 장벽이 가로 놓이게 된 것입니다.

여기서 '눈이 밝아지고, 하나님처럼' 되고 싶어한 인간조상의 탐욕이 문제 였습니다. 그리고 그 이후 인간은 무한경쟁으로 인해 더 많은 것을 챙기려는 이기심 때문에 수많은 장벽을 쌓아 올렸고, 그것 때문에 인간은 불행해진 것 입니다. 이제는 비정상적인 것들이 정상화하면서 그러한 장벽들이 하나둘 제 거되고 있지만 그에 따른 혼란은 여전히 계속되고 있습니다.

전환시대의 새로운 가치관과 시대정신

지금 인류는 전대미문의 전환기를 살아가고 있습니다. 그리고 개인은 물론 온 세계가 무한경쟁으로 인해 갈등과 분쟁에 휩싸여 있습니다. 더구나 인류는 첨단과학기술의 놀라운 발달로 인해 천국을 구가할 만큼 세상은 편리한 환경을 갖추고 있지만, 인간이 가야 할 궁극적 방향을 찾지 못한 채 방황하고 있습니다.

그러나 역사적으로 볼 때 혼란기에는 반드시 새로운 이념이 등장했습니다. 다시 말하면 전환기에는 가치관의 부재로 혼란이 벌어지고 기존의 모든 체제가 무너지게 되지만, 그럴 때마다 성현들이 내세운 새로운 비전은 인간들을 희망의 불빛으로 인도했습니다.

특히 성현들은 인간의 본질적 문제에 접근하면서 새로운 가치관을 제시하고 모든 인간이 행복하게 살아갈 수 있는 근본적 대안을 제시해왔습니다. 그렇다면 이 시대 우리에게 꼭 필요한 가치관은 무엇일까요?

예수의 개혁정신과 그 변질 과정

우리는 기독교의 역사를 돌이켜보면서 오늘날 인류역사가 흘러가는 방향을 가늠할 수 있습니다. 예수 그리스도는 기원전 4세기 경 로마제국의 식민지 팔레스타인 지방의 갈릴리에서 태어났습니다. 당시 팔레스타인은 전통적 유일신 신앙인 유대교를 신봉하고 헬레니즘이라는 외래문화를 받아들였습니다. 헬레니즘 문화는 기원전 4세기 후반부터 알렉산드로스 대왕의 원정에 맞춰 곳곳에 뿌리를 내린 이후 7세기 아랍제국의 정복이 있기까지 지배적인 문화로 자리를 잡았습니다.

당시 팔레스타인 사람들은 가족 중심의 공동체적 전통을 중시했고, 모세 5경이라고 불리는 율법과 종교적 관습법에 지배를 받고 있었습니다. 그리고 로마 황제를 대신하여 유대지역을 다스린 헤롯 대왕이 예루살렘 성전 재건 등 건축 사업을 무리하게 펼치면서 많은 세금을 거둬들이다 보니 국민은 가난에 쪼들렸고, 고대 노예제의 잔재는 하층민의 삶을 더욱 고달프게 했습니다. 그리고 로마제국의 폭압적인 통치가 이어지면서 민중 반란이 일어났고, 거기에 가담한 자들에게 십자가형이 공개적으로 집행되면서 공포정치가 엄습했습니다.

이러한 전환기에 등장한 예수는 하나님과 인간의 관계를 새롭게 밝히고, 인종과 종교, 국경 등 모든 장벽을 초월하여 누구나 차별 없이 행복하게 살아가는 하늘나라를 세우고자 했습니다. 예수는 하나님과 인간은 부자의 관계, 즉 아버지와 아들의 관계라는 것을 처음으로 소개했습니다.

즉 예수는 스스로 '외아들'(요한복음 3:16)이라고 했고, "하늘에 계신 내 아버지의 뜻을 따라 사는 사람이 곧 내 형제요 자매요 어머니이다."(마태복음 12:48)라고 강조했습니다. 그러면서 하나님은 "악한 사람에게나 선한 사람에게나 똑같이 해를 떠오르게 하시고, 의로운 사람에게나 불의한 사람에게나 똑같이 비를 내려주신다."(마태복음 5:45)면서 만민이 하나님 앞에서 평등하다고 선언했습니다.

그리고 예수는 "건강한 사람에게는 의사가 필요하지 않으나, 병든 사람에게는 필요하다. 나는 의인을 부르러 온 것이 아니라 죄인을 부르러 왔다."(마가복음 2:17)면서 세리와 창녀, 가난한 사람의 이웃이 됐습니다. 당시 유대교 지도자를 비롯한 기득권층과 로마제국의 통치자에게는 귀에 거슬리는 말이 아닐 수 없었습니다.

예수가 십자가에 처형된 이후 AD 313년 태양신을 숭배하던 콘스탄티누스 대제가 밀라노 칙령을 발표하면서 기독교는 박해에서 벗어나 공인을 받고 새로운 단계로 접어들게 됩니다. 콘스탄티누스는 권력을 쟁취하는 과정에서 장인과 손위처남, 첫 번째 아내와 사이에서 태어난 아들, 두 번째 아내까지 죽이는 등 비정하고 냉혹한 정치인이었지만 전체 인구의 5퍼센트에 불과한 기독교를 받아들인 것은, 기독교의 유일신(唯一神) 사상을 정치적으로 이용해 황제는 한 명뿐이라는 것과 교황이 임명한 황제가 하나님의 대리인이라는 논리를 세우기 위함이었습니다.

기독교는 로마의 국교로 공인된 이후 발전에 발전을 거듭했지만 11세기에 이르러서는 교권 다툼으로 동서교회로 분열된 데 이어 16세기에 이르러 루터

의 종교개혁을 필두로 각 나라에 개혁 교회들이 생겨나게 되면서 로마 가톨
릭교회와 동방정교회, 프로테스탄트 교회의 세 갈래로 나눠지게 됩니다. 이
러한 종교개혁의 물결 속에서 절대적인 교황권이 무너지고 과학의 발달과 아
메리카 신대륙의 발견 등으로 기존의 신학적 세계관이 붕괴하면서 중세 질서
는 종지부를 찍게 됩니다.

　여기서 우리는 세계에서 20억 명 이상이 기독교 신도일 정도로 크게 확산
됐지만 현대사회에서는 그 영향력이 점차 감소하고 있음을 보게 됩니다. 이
는 결국 예수의 가르침과 동떨어졌고, 본질을 찾아가는 시대흐름을 외면하고
있기 때문입니다. 따라서 오늘날 기독교가 예수의 가르침을 회복하지 못한다
면 이 위기에서 벗어나지 못한 채 제도종교로 머무를 수밖에 없다는 것을 보
여주고 있습니다.

　특히 성경에서 드러나듯이 초대교회에도 교리 문제로 각 파벌 간에 심한
갈등을 겪게 되지만, 로마 황제에 의해 공인된 이후 원죄설과 예정설, 영혼불
멸설, 삼위일체설, 성상숭배, 안식일 등을 정립하고 제도화하는 과정에서 수
많은 갈등과 분열이 나타나면서 예수의 정신이 변질되기 시작했습니다.

　그리고 1천년 동안 지속된 유럽의 중세시대가 막을 내리게 된 배경에는 흑
사병의 창궐(1347~1351)로 유럽 인구의 3분의 1이 희생되고, 영국과 프랑
스의 백년전쟁(1337~1453) 등 일련의 사건으로 혼란이 가중됐기 때문이기
도 하지만 종교 역시 여기에서 자유롭지 못합니다. 이 기간에 교황이 직접 서
유럽의 황제를 임명하는 등 가톨릭 교회가 정신적 지주 역할을 했지만, 십자
군전쟁으로 동로마제국이 몰락하고 아비뇽 유수로 교황권이 무너졌습니다.

종교가 본연의 모습과는 동떨어지다 보니 중세시대도 더 이상 유지할 수 있는 힘을 잃어버리게 된 것입니다.

예수의 개혁정신은 이렇듯 기독교가 제도화하는 과정에서 변질되고 말았습니다. 이는 기독교의 오늘날 운명과도 그대로 직결되고 있습니다. 즉 기독교의 가장 핵심적 부분인 하나님과 인간의 관계, 구원의 의미를 놓고 예수의 가르침이 근본적으로 흔들리면서 위기를 불러온 것입니다.

지금 유럽의 교회당은 박물관과 음악당으로 바뀌거나 나이트클럽으로 팔려나가고 있으며, 미사와 예배에는 교회 안이 텅텅 빌 정도로 소수만이 참여하고 있습니다. 유럽인들이 종교 본질에서 벗어나 제도화한 기독교를 더 이상 받아들이지 않기 때문입니다.

더구나 지금은 참과 거짓이 드러나는 투명사회이다 보니 그동안 감춰졌던 종교계의 비리가 하나씩 드러나면서 종교인들이 하나둘 떠나기 시작했습니다. 이제 인간의 정신세계를 지배해온 종교가 일대 위기에 봉착한 것에서 보듯이 인류는 본질을 향한 거대한 흐름을 따라갈 수밖에 없는 것입니다.

본질을 향하는 새로운 가치관

미국은 종교 박해를 피해 1620년 메이플라워호를 타고 영국에서 건너온 청교도(淸敎徒)들이 주축이 돼 세운 나라입니다. 청교도는 영국의 국교회(國敎會)와는 달리 칼뱅주의의 특색인 금욕주의적 신앙을 실천하고 성경의 가르침대로 살아가고자 하는 사람들입니다. 처음에 신대륙을 찾은 청교도는 102

명에 불과했지만 1640년까지 2만여 명이 대서양을 건넜습니다. 물론 미국에는 아시아대륙에서 알래스카를 거쳐 이주해온 인디언이 있었지만 1492년 콜럼버스에 의해 신대륙이 발견된 이후 유럽 강국의 각축장으로 바뀌게 됩니다. 그리고 미국은 영국의 식민지로 있다가 1775년 독립전쟁에서 승리하면서 1776년 독립을 선언했습니다.

그러나 미국은 이처럼 기독교적 기반에서 세워졌지만 1960년대 이후 부활한 종교적 근본주의로 인해 반지성주의가 사라지지 않고 있다는 것입니다. 이는 종교가 인간의 합리적 사고를 어떻게 옥죄고 있는가를 보여주는 대목입니다. 그동안 전통 개신교 복음주의자들은 자신들의 근본주의적 신념을 파괴하는 지성에 대해 의심과 반감을 드러내 왔습니다.

미국의 언론인인 수전 제이코비는 《반지성주의 시대》라는 저서에서 종교적 근본주의가 어떻게 반합리주의와 반지성주의를 부추기면서 국가와 사회에 영향을 끼치는가를 추적했습니다. 저자는 신대륙에 기독교 국가를 건설하고자 하는 근본주의자들의 열망은 미국을 선진국들 가운데 가장 종교적인 나라로 만들었지만, 성경과 충돌하는 세속적 지식과 학습을 거부하는 종교적 근본주의가 합리주의와 기독교 신앙을 조화시키려는 노력까지 가로막으면서 미국의 반지성주의를 더욱 심화시켰다고 주장했습니다. 그리고 종교적 근본주의는 계몽주의 이후 서구문명을 바꿔온 합리주의적 통찰을 반대하면서 민주주의의 위기를 불러오고 미국을 거짓 문화에 빠지게 했다고 지적했습니다.

특히 저자는 지난 40년간 미국에서 반지성주의를 증폭시킨 또 다른 원동력으로 활자 문화에서 영상(인포테인먼트) 문화로의 급격한 이행을 들고 있습니다. 결국 미국인들은 넘쳐나는 정보를 주체적으로 받아들이고 판단하는 능력이 쇠퇴하면서 과학과 종교에 관해 무지할 수밖에 없었고, 진실을 흐리고 은폐하는 인포테인먼트 문화에 중독되면서 지성이 자리잡을 수 없게 됐다는 것입니다. 지구온난화를 거짓말이라고 일축하면서 파리기후변화협약에서 탈퇴한 트럼프 대통령을 유권자들이 심판하지 않은 이유도 비합리성과 반지성을 양산해온 종교적 근본주의 때문이라고 저자는 보고 있습니다.

물론 모든 사람이 지성적 인간이 돼야 하는 것은 아닙니다. 그러나 지성은 문명이 파국으로 치닫는 것을 막아주는 제동장치가 돼야 합니다. 더구나 우리는 정치의 타락은 대부분 지성이 자리잡지 못한 결과임을 눈여겨봐야 합니다. 그리고 미국이나 한국에서 보듯이 경제적으로 가장 번영하던 시기에 반지성주의가 판을 치게 됐다는 점도 간과해서는 안 될 것입니다. 그래서 탈진실과 반지성, 가짜뉴스 등이 판을 치는 상황에서 깨어 있는 지식인들이 나서서 종교의 새로운 가치관 운동을 벌여야 함을 시사하고 있습니다.

어느 나라든 시대정신을 따라잡지 못하고 퇴행적 이념에 사로잡히게 될 때에는 한순간에 무너질 수밖에 없습니다. 남미 베네수엘라는 포퓰리즘 정책으로 처참한 실패를 맛본 대표적인 나라입니다. 한때 GDP가 세계 4위였던 베네수엘라는 2016년 기준 102위로 떨어지면서 가장 가난한 국가 대열에 끼게 됐습니다.

1973년 석유파동으로 전 세계가 혼란을 겪고 있는 통에 베네수엘라는 막대한 수익을 거둬들이지만 1981년부터 국제유가의 하락으로 1989년에는 빚더미에 앉게 되면서 IMF에 구제 금융을 신청합니다. 이러한 상황에서 1998

년 좌파 성향의 휴고 차베스 대통령이 당선되면서 포퓰리즘 정책을 펴자 국민은 이에 환호하지만 부자들은 세금 압박으로 인해 해외로 떠나게 됩니다. 여기다가 반미 성향의 마두로 정권이 들어선 이후에는 경제성장률이 2018년에 마이너스 18퍼센트로 떨어지고 물가는 13만퍼센트가 상승하는 등 국가경제가 무너지자 2019년 말까지 460만 명 이상이 국외로 탈출하는 소동이 벌어졌습니다.

요즘 한국의 정치권도 시대흐름을 외면한 채 이념정치에 물들어 있습니다. 일부 국민은 21대 총선에서 드러났듯이 이러한 이념정치에 환호했습니다. 우리 정치권에 관념적 이상론이 먹혀 들어가고 있는 것입니다. 그렇지만 북한은 핵을 가진 유일체제이기 때문에 언제 불장난을 저지를지 모르는 상황이고 국제정치는 불확실성이 점점 커지는 상황에서 정치 지도자들이 이념정치에 몰두한다면 현재의 코로나19 난국을 돌파하는 것은 쉽지 않을 것입니다. 그런 점에서 우리 지도자들이 남미의 전철을 밟지 않기 위해서는 달라지는 시대정신을 올바로 정치에 반영하고 국민의 편에 서서 나라를 이끌어가야 합니다.

우리는 모든 것이 달라지고 있는 전환기를 살아가고 있습니다. 우리 사회는 지금까지 인류가 걸어온 것에 대한 반성과 새로운 변화를 향한 몸부림이 동시에 진행되고 있습니다. 그동안 경제위기가 닥칠 때마다 새로운 기술의 출현이나 확산을 불러왔고 이에 기반을 둔 기술혁신이 위기 종식에 큰 역할을 해왔습니다. 코로나19 사태가 여러 가지로 고통스러운 상황을 연출하고 있지만, 디지털 기술을 통해 뉴노멀을 만들어내면서 슬기롭게 위기를 극복할 수 있을 것입니다.

그리고 인류역사를 돌이켜보면 전환기에는 반드시 새로운 이념이 나타나 위기를 돌파할 수 있었습니다. 그런 점에서 우리가 전례를 찾아보기 어려운 전환기를 맞아 현 상황을 극복하기 위해서는 국가와 인종, 종교 등 모든 장벽을 뛰어넘어 누구나 행복하게 살아갈 수 있는 공동체를 만드는 데 힘을 모을 수 있는 새로운 가치관이 나와야 합니다.

지금은 사랑과 나눔과 비움 등 성인들의 가르침이 자연스럽게 빛을 발할 때가 다가온 것입니다. 앞으로 첨단과학기술문명이 만들어내는 성과가 누구에게나 골고루 혜택이 돌아갈 수 있도록 해야 합니다. 그래서 개인은 물론 사회·국가·세계 앞에 가로놓인 모든 장벽을 걷어내고 누구나 행복하게 살아갈 수 있는 세상을 만들어야 합니다. 그것이 바로 우리가 살아가는 이때에 꼭 필요한 시대정신입니다. 지금은 인류가 한 번도 실현해보지 못한 꿈을 우리 손으로 이룰 수 있는 절호의 기회를 맞이하고 있습니다.

3장

전환시대의 도전과 과제

일 중심의 사회에서 함께 누리는 사회로

인공지능과 사물인터넷, 빅데이터, 모바일 등 첨단 정보통신기술이 만들어내는 제4차 산업혁명은 우리 생활 전반을 바꿔놓고 있습니다. 특히 전문가들은 제4차 산업혁명으로 향후 20~30년 내에 주당 24시간 근무체제로 바뀌게 될 것으로 보고 있습니다. 일주일에 나흘 정도 하루 6~7시간씩 일하면 된다는 것입니다. 결국 사흘은 쉴 수 있게 됩니다.

그러다 보니 여유 시간을 활용해 취미생활을 할 수밖에 없고, 이와 관련한 산업이 각광 받으리라고 봅니다. 여기서 제기되는 것이 함께 즐기고 누리는 사회로 이행되리라는 것입니다. 그것이 누구나 차별 없이 행복하게 살아가고자 하는 인류의 꿈을 실현하는 길이기 때문입니다.

AI 기반의 자동화로 근무시간의 감소

우리 인간은 일을 적게 하면서도 경제적 여유를 갖고 싶어합니다. 그러한 꿈이 인공지능(AI) 기술에 의해 실현되고 있습니다. 인공지능이 일자리를 빼

앗아 간다고 보기보다는 인간이 하루 종일 해야 할 일을 상당 부분 대신해주기 때문에 인간에게는 그만큼 여유가 생기는 것입니다. 요즘처럼 코로나19 사태로 인해 의료 인력이 절대적으로 부족한 상황에서 인공지능 로봇을 통해 환자의 각종 영상물을 분석한다면 짧은 시간에 신속하고 정확한 진단을 내릴 수 있습니다.

물론 인공지능이 인간이 해야 할 일을 대체하면서 일자리를 잃어버리는 사례가 늘어나고 있긴 합니다. 마이크로소프트(MS)가 최근 뉴스 편집을 담당하던 기자 등 계약직 직원 50여 명을 해고한 뒤 인공지능에게 그 역할을 맡겼습니다. MS는 정기적인 사업 평가를 통해 투자 분야를 조율하는 과정에서 이같은 구조조정이 이뤄졌다고 설명했습니다. 그간 언론사에 구독료를 지불해온 MS는 프리랜서 기자 등을 고용해 뉴스 콘텐츠의 우선순위를 결정하거나 포털 노출 방식과 관련한 편집을 맡겨왔지만 이를 자동화 인공지능 시스템으로 대체한 것입니다.

결국 인간이 인공지능 로봇과의 취업 경쟁을 벌여야 하는 상황이 코앞에까지 다가왔습니다. 미국 뉴욕 맨해튼에 있는 IP소프트 회사가 개발한 화이트칼라 로봇인 '어밀리아'는 30초 안에 300쪽에 달하는 매뉴얼을 숙지하고 영어와 프랑스어 등 20개 언어까지 구사합니다. 고객들이 말하는 자연어 처리도 가능하다는 것입니다. 목소리 높낮이 같은 데이터를 분석해 인간의 감정까지 파악할 수 있습니다. 동시에 수천 개에 달하는 전화도 처리할 수 있습니다. 외형은 금발에 푸른 눈을 가진 백인 여성으로서 프런트 데스크부터 백오피스까지 전반적인 업무를 처리할 수 있으며, 콜센터 상담이나 자산·인사 관리 등의 업무 처리가 가능하다는 것입니다.

그러다 보니 '어밀리아'를 500여 글로벌 기업이 스카우트해가는 일이 벌어졌습니다. 기업은 수익 극대화를 추구하는만큼 경제성이 있다면 사람보다 인공지능 로봇을 쓸 수밖에 없는 현실을 반영한 것입니다. '어밀리아'는 365일 24시간 일하는데도 월급은 1천800달러(약 220만 원)에 불과합니다. 이 '디지털 직원'은 2014년에 최초로 개발됐고 현재 버전6으로 업그레이드된 상태입니다. 이 회사는 세계 최초로 '디지털 직원'을 온라인으로 채용할 수 있는 구인 플랫폼 디지털워크포스 인공지능을 공개하면서 각 기업들이 채용에 나선 것입니다. 머지않아 '디지털 직원'은 애널리스트, 보험설계사, 회계사, 세무사, 변호사, 의사, 프로그래머 등에 손을 뻗칠 것으로 보입니다.

최근에는 인공지능이 직접 전화를 걸어 코로나19 자가격리자의 증상을 관리하는 시스템도 개발되면서 감염증 환자들의 관리도 가능해졌습니다. SK텔레콤은 코로나19 자가격리·능동감시·발열·체온·기침·목 아픔 등 대상자의 증상 여부를 모니터링하는 인공지능 시스템 '누구 케어콜'을 개발해 방역 현장에 지원한 것입니다.

'누구 케어콜'이 증상 여부를 확인 후 대상자의 답변을 데이터화해 웹사이트에 업로드하면 보건소 담당자는 웹사이트를 통해 대상자의 증상 여부를 확인하게 됩니다. 이는 자연어 처리 기술과 음성·문자 간 상호 변환 기술을 활용해 사람 간의 대화에 가까운 질의응답 체계를 구현한 것입니다. 현재 각 지역 관할 보건소 직원이 하루에 두 차례씩 대상자에게 전화를 걸어 증상 발현 여부를 확인해왔습니다. 이는 결국 디지털업체들이 그동안 축적해온 인공지능 기술을 공공분야에서 다양하게 활용할 수 있도록 개발하는 것이 가능하다는 것을 보여준 사례입니다.

이렇듯 제4차 산업혁명으로 인해 인간의 역할이 크게 달라지게 됩니다. 이는 단순노동의 경우 지금까지 그렇게 해온 것처럼 인공지능 로봇이 맡거나 자동화가 이뤄지게 된다는 것입니다. 칼 프레이 영국 옥스퍼드대 교수는 제4차 산업혁명으로 미국의 일자리 706개 중 47퍼센트는 자동화가 가능해질 것으로 전망했습니다. 그는 앞으로 인간의 노동력과 자동화 비용을 비교해 자동화가 타당할 경우 인간의 일자리가 사라지게 될 것이라고 본 것입니다.

특히 그는 각종 의사 결정을 하거나 자동화가 어려운 일을 컴퓨터를 활용해 처리하는 등 고소득 일자리는 지금보다 늘어나지만 제조업과 같이 컴퓨터 코드로 대체할 수 있는 중간소득 일자리는 점점 사라지면서 일자리의 양극화가 더욱 심화할 것으로 보았습니다. 물론 제4차 산업혁명으로 컴퓨터가 대체할 수 있는 영역이 확대되고 있는 추세이지만, 인간이 독점적으로 우위를 지키고 있는 분야가 여전히 많기 때문에 새로운 일자리가 창출되는 것은 두말할 나위가 없을 것입니다.

제46차 세계경제포럼(다보스포럼)도 2016년 1월 '4차 산업혁명에 따른 미래 일자리 변화 전망' 보고서에서 2020년까지 세계적으로 일자리 717만 개가 사라지고 210만 개가 생겨날 것으로 전망했습니다. 사라지는 507만 개 일자리 가운데 사무·행정이 479만 개로 가장 많고 제조·생산 160만 개, 건설·채굴 49만 개, 예술·디자인·환경·스포츠·미디어 15만 개, 법률 10만 개, 시설·정비 4만 개 순이었습니다.

칼 프레이 교수의 주장과는 달리 경제협력개발기구(OECD)는 최근 발표한 보고서에서 회원국들의 일자리 중 14퍼센트가 인공지능 로봇에 의해 자동화될 수 있다고 추정했습니다. 그러나 OECD 조사 결과에 따르면 국가마다 작업 방식이 다르고, 대부분의 일자리는 복잡한 사회적 관계 속에서 유지되거나 대체되기 때문에 자동화하는 것이 쉽지 않다는 것입니다.

인공지능이 일자리나 일의 형태에 어떤 영향을 끼칠 것인가에 대해서는 여러 분야에서 연구가 이뤄졌습니다. 현재도 인공지능의 등장으로 많은 직종이 사라지고 있지만 새롭게 부상할 직종에도 관심이 쏠리고 있습니다. 과거엔 사무직·생산직처럼 단순 반복적 직무만 로봇이 대체할 것이라 예상됐지만, 이젠 전문직도 안전하지 않다는 인식이 지배적입니다. 그런데 어떤 이들은 자신의 일자리를 잃을 수도 있겠지만 전환기를 맞아 직종의 부침 현상은 불가피하다는 점에서 앞으로 자신이 하고 싶은 일이 무엇인지 생각하면서 장기적 안목에서 살길을 찾아야 할 것입니다.

다가오는 취미산업시대

중국 우한(武漢)에서 처음 발생한 코로나19 바이러스는 그동안 인간이 만들어 온 모든 가치와 상식을 무너뜨리고 있습니다. 특히 코로나19가 만든 사회적 현상 가운데 하나가 언택트(비대면) 문화의 확산입니다. 코로나19 확산 방지를 위해 '사회적 거리두기' 운동이 한창인 가운데 언택트 문화가 최근 소비 트렌드로 떠올랐습니다. 인공지능 기술을 이용한 비대면 기술들은 이커머스, 금융 분야 등 이미 사회 곳곳에서 자리잡아가고 있었지만 이번 코로나19 사태로 인해 더욱 빠른 속도로 인간의 삶을 바꿔놓고 있습니다. 특히 원격 의료서비스도 이번 사태를 계기로 도입을 서두르고 있으며, 교육 분야 역시 온라인 강의가 더욱 활성화할 것으로 보입니다.

결국 이러한 추세는 1인 가구의 급증과 디지털 기기의 발달로 더욱 가속화하고 있는 것입니다. 연령대에 관계없이 스마트폰에 익숙해지고, 비대면 기술이 진화함에 따라 기업들도 언택트 문화를 마케팅에 적극적으로 활용하면서 인간의 생활 전반을 바꿔놓고 있습니다. 특히 인공지능이 가져올 경제적인 효과입니다.

전문가들은 인간의 지능에 버금가거나 이를 뛰어넘는 범용 인공지능을 만들 수 있다면 물질적 혜택은 엄청날 것으로 내다보고 있습니다. 그리고 지금보다 더 많은 텍스트를 읽고 대화에 참여할 수 있는 인공지능 시스템이 생겨난다면 인공지능이 인간의 유용한 조력자로 바뀔 수 있게 됩니다. 여기다가 인간의 언어를 완전히 이해할 수 있는 인공지능이 교육에 적용되면 교육 시스템도 완전히 바꿔놓을 수 있다는 것입니다.

특히 인공지능 기술 발전에 따른 나눔 문화 활성화를 눈여겨볼 필요가 있습니다. 어차피 인공지능 기술이 만들어내는 경제발전은 전 인류에게 혜택이 돌아갈 수밖에 없기 때문에 나눔운동에 대한 공감대도 자연스럽게 확산되리라고 봅니다.

더구나 요즘 각국 정부는 소외층을 위해 복지제도를 강화하고 기부문화 확산을 위해 노력하고 있습니다. 그래서 일반 국민이 주체가 되는 기부문화 활성화는 복지사회를 지향하는 모든 국가의 공통적인 과제입니다. 그리고 기부는 소득양극화에 따른 사회적 갈등구조를 해결하는 첩경이라는 측면에서 모든 국민이 참여할 수 있도록 해야 할 것입니다.

이제 인간이 해야 할 일을 인공지능 로봇이 대체하면서 남은 시간을 어떻게 활용할까 하는 문제가 떠오를 수밖에 없습니다. 여기서 우리가 주목해야 할 것은 앞으로 전개될 취미문화 활성화입니다. 인공지능기술의 발전은 인간에게 경제적으로나 시간적 여유를 가져다주기 때문입니다. 그리고 문화는 집단 구성원들에 의해서 공유되는 것이기 때문에 인공지능기술이 만들어낸 문화에 자연스럽게 젖어들 수밖에 없습니다. 더구나 앞으로는 좋아하는 일을 열심히 수련한 전문인들이 살아남게 되고, 각 개인이 자신의 취미를 갖고 즐거움을 추구하면서 살아가는 사회가 되리라는 것입니다.

그리고 전문가들은 각 개인을 중심으로 축적된 데이터 노출로 '열 길 물속은 알아도 한 길 사람 속은 모른다.'는 말은 더 이상 통하지 않는 세상이 될 뿐만 아니라, '착하게 살면 기회가 더 많이 온다.'는 당위조차 데이터로 증명되는 공정사회가 도래할 것으로 내다보고 있습니다. 그래서 자연스럽게 남의 눈치를 보지 않고 여유롭게 살아가는 세상이 펼쳐지리라는 것입니다.

이미 젊은이들이 일과 개인의 삶 사이의 균형을 이루는 '워라밸(work-life balance)을 추구하는 것도 달라지는 시대흐름을 반영한 것입니다. 워라밸은 연봉에 상관없이 높은 업무 강도에 시달린다거나 퇴근 후 SNS(소셜 네트워크 서비스)를 통한 업무 지시나 잦은 야근 등으로 개인적인 삶이 없어진 현대 사회에서 직장이나 직업을 선택할 때 고려하는 중요한 요소 중 하나로 떠오르고 있습니다.

가까운 사람들과 함께하는 소박한 일상을 중시하는 덴마크와 노르웨이식 생활 방식 가운데 하나인 '휘게(Hygge)'도 마찬가지입니다. 편안함, 따뜻함, 아늑함, 안락함을 뜻하는 이 말은 가족이나 친구와 함께 또는 혼자서 보내는 소박하고 여유로운 시간, 일상 속의 소소한 즐거움이나 안락한 환경에서 오는 행복을 추구하는 이들 국민의 삶을 잘 대변하고 있습니다. 특히 덴마크인은 물질적 풍요 대신 저녁이 있는 삶을 택합니다. 시내 상점은 오후 6시면 문을 닫기 때문에 집에서 많은 시간을 보낼 수밖에 없습니다.

작지만 확실한 행복을 추구하는 '소확행'도 최근 삶의 질에 대한 관심이 높아지면서 유행한 신조어입니다. 뼈 빠지게 일하며 돈 한 푼 더 버는 것보다 지금 이 순간의 행복에 집중하자는 것입니다. 일하는 동안 아껴서 노후 걱정이 없을 만큼 돈을 모은 뒤 빨리 일을 관두고 자기만의 삶을 추구하는 '파이어(FIRE)족'이나 '인생은 한 번뿐이다'라는 생각에서 현재 자신의 행복을 가장 중시하는 '욜로(YOLO)족' 역시 이러한 흐름을 반영하고 있습니다.

이렇듯 요즘 인간의 삶은 물질에 눈이 어두워 먼 곳을 갔다가 다시금 본향을 찾아오는 것과 다름없습니다. 노르웨이의 가장들은 수백억 원대 계약을 하는 등 중요한 업무를 하다가도 아이와의 약속 시간이 되면 당연하다는 듯 자리에서 일어납니다. 그만큼 무엇이 자신의 행복을 위해 중요한 것인지를 알고 있기 때문입니다.

그래서 우리나라도 이러한 시대흐름에 맞춰 가족과 함께 산과 들, 그리고 바다를 찾고 영화나 게임 등 취미문화에 몰두하면서 여유 있는 시간을 보내는 경우도 많아지게 될 것입니다. 그런 점에서 오프라인은 물론 온라인을 중심으로 이러한 시대흐름에 맞춰가는 취미산업은 더욱 성장할 수밖에 없습니다. 우리는 한 번뿐인 인생, 후회 없는 삶을 살아가기 위해서는 현재의 자신을 돌아보고 과감하게 변신하면서 행복을 누릴 수 있어야 합니다. 그것은 자아정체성을 올바로 확인하고 자아실현에 매진할 때 가능합니다. 인간이 소우주라는 말처럼 나 자신은 무엇과도 바꿀 수 없는 소중한 개성체입니다. 지금은 개성완성을 위해 더욱 정진할 때입니다.

수명 연장 시대 행복한 삶의 조건

한국은 2000년에 65세 이상 인구가 전체 인구의 7퍼센트 이상인 고령화 사회에 진입한 데 이어 2017년에는 14퍼센트를 넘으면서 고령 사회로 접어들었습니다. 2026년쯤이면 65세 이상의 인구가 20퍼센트 이상인 초고령화 사회에 도달할 것으로 전망되고 있습니다. 여기다가 전문가들은 줄기세포 및 유전자 치료와 재생의학, 장기이식기술 등의 발달로 머지않아 100세 시대에 진입할 것으로 보고 있습니다.

그런데 요즘 노년세대들 가운데는 오래 사는 것보다는 건강하고 행복하게 여생을 보내기를 원하는 이들이 늘어나고 있습니다. 그러다 보니 마지막 순간까지 자기개발에 힘쓰면서 건강관리에 많은 관심을 가지게 됩니다. 특히 그동안 돈을 버는 데만 급급한 탓에 어떻게 살아야 행복한 것인지 생각할 겨를이 없었지만, 남은 시간만이라도 삶에 대한 본질적 물음과 성찰을 하는 시간을 많이 가지려고 하는 것입니다.

삶의 질에 대한 관심

인간은 누구나 건강하게 오래 살고 싶어합니다. 이미 노화를 최대한 지연시키는 방안이 여러 측면에서 연구되다 보니 그러한 꿈이 이뤄질 날이 멀지 않았습니다. 특히 손상을 입은 조직의 교체나 세포의 수리 및 복구, 인공장기이식 등을 통해 노화현상을 방지하면서 인간의 수명을 늘려가고 있습니다. 그리고 연구자들은 노화의 원인이 되는 생물학적 생체지표를 찾는 데 집중하고 있습니다. 이들은 생체지표를 토대로 노화를 억제하는 것이 가능하다고 보는 것입니다.

1900년대 초반까지만 해도 인간 평균수명은 40대에 머물렀으나 20세기에 들어와 세균과 싸울 수 있는 무기인 항생제 페니실린이 개발되면서 평균수명은 크게 늘어나게 됩니다. 이제는 100세 시대가 열리면서 인간 수명 연장의 꿈은 현실화하고 있는 것입니다. 물론 인간이 늙는다는 것은 생물학적인 원인만이 아니라 정신적인 요인 등 다양하고 복합적인 원인 때문이라는 것이 과학계의 주장입니다.

그렇지만 인간의 수명 연장 뒤에는 빈곤이라는 불편한 숙제가 남아 있습니다. 우리나라 노인 빈곤율은 45.7퍼센트로서 경제협력개발기구(OECD) 국가 가운데 최고 수준입니다. 우리나라의 실질 은퇴 연령은 OECD 가운데 가장 높은 남성 72.9세, 여성 73.1세로서 100세까지 산다고 해도 인생의 3분의 2는 일을 해야 먹고 살수 있다는 것입니다. 이렇게 평균수명이 늘어나는만큼 노후대비 자산이 늘어나야 되고 의료보험제도 역시 거기에 맞춰 정비가 돼야 하지만, 대책 마련은 뒤따르지 못하고 있는 것이 우리나라의 실정입니다. 그래서 평균수명이 늘어난 것은 축복일 수 있지만 노인들의 빈곤율이 높다 보니 행복한 것만은 아니라는 것이 한국의 노년세대입니다.

그런 점에서 평균수명이 80세 이상 100세까지로 연장되고 있는 초고령화 사회를 맞아 어떻게 행복한 삶을 이끌어갈 수 있을까 하는 것이 과제입니다. 노인은 힘없고, 가족과 사회의 짐으로 취급받기도 하지만 인생의 깊이, 세상의 이치, 학문의 묘미 등을 나이가 들수록 더욱 깊이 깨닫게 된다는 점에서 늙음 그 자체만으로 더 큰 가치를 지니게 됨은 물론입니다.

그래서 그동안 우리나라의 경제성장을 주도했던 세대들은 젊었을 때 돈을 벌기 위해 정신이 없었지만, 노년에 접어들면 새로운 인생지도를 그리면서 행복을 가꿔 나가는 데 관심을 기울여야 할 것입니다. 특히 과거를 추억하며 흘러간 시간을 하염없이 바라보기보다는 현재 자신이 해야 할 일을 부지런히 찾아 나서고 몸과 마음의 건강을 유지하기 위해 노력해야 합니다.

그리고 국민의 생활수준이 향상되면서 국가도 국민의 삶을 양에서 질을 추구하는 방향으로 나아가고 있습니다. 우리 정부도 경제성장을 보여주는 지표들이 삶의 질을 반영하지 못한다는 한계 때문에 2014년에 국민 삶의 질 지표를 발표했습니다. 이는 국가별 경제 규모를 나타내는 국내총생산(GDP)이 그 나라 국민의 삶의 질과 어떻게 하면 연결될 수 있게 하느냐에 초점이 맞춰지고 있습니다.

이를 통해 국민들이 얼마나 행복하고 풍요한 삶을 영위하고 있는가를 경제적 측면에서뿐만 아니라 사회·문화·환경 등 모든 면에 걸쳐 살펴보자는 것입니다. 이렇듯 각국 정부는 물질적 풍요와 생활의 안정을 제일의 관심사로 여기던 과거의 생활 방식에서 벗어나 이제는 풍요성·안정성·보건성·능률성·쾌적성·도덕성 등 삶의 질에 대해 점점 관심을 기울이고 있습니다.

여기에는 노년세대도 예외는 아닙니다. 현대 복지국가는 대부분 사회 구성원 모두에 대한 삶의 질을 향상시키는 것을 목표로 하고 있기 때문입니다. 그런데 물질적 풍요는 인간다운 삶의 필요조건이 될 수는 있어도 충분조건이 되지는 못한다는 점입니다. 그런 점에서 노년세대에게 삶의 질을 높여주기 위해서는 경제적 지원과 함께 정신적 만족이 조화를 이룰 수 있는 환경을 만들어줘야 합니다.

현재 삶의 질을 결정하는 객관적인 요소로는 경제적 측면에서 1인당 GDP와 경제성장률 및 물가상승률, 건강과 보건의 보장 정도, 교육과 학습의 정도 및 환경, 고용 및 근로생활의 질 등이 있습니다. 그리고 개인의 만족감이나 행복감을 가져오는 것으로는 원만한 대인관계나 사랑과 존경의 욕구 실현, 삶의 목표를 추구해가는 진취적인 정신 등을 꼽을 수 있습니다. 현재 미국이나 북유럽 등 일부 선진국의 경우 이러한 여건을 갖춰가고 있다는 것을 감안할 때 각 나라가 노년세대에게 능동적이고 주체적인 삶을 추구하면서 자아를 실현할 수 있는 여건을 만들어주게 된다면 삶의 질은 자연스럽게 향상시킬 수 있게 될 것입니다.

그런데 행복은 인간의 존엄성을 끝까지 지켜 나갈 때 유지될 수 있습니다. 나이가 들었다고 해서 쓸모없는 인간으로 생각하거나 스스로 좌절해서는 안 되기 때문입니다. 인간은 누구나 성경에서 말하듯이 '하나님의 형상'(창세기

1:27)을 가지고 있습니다. 그리고 불교에서 말하는 '불성(佛性)'이나 천도교에서 주장하는 '인내천(人乃天)'도 마찬가지입니다. 그래서 각자의 존엄성은 다른 사람이나 환경으로부터 박탈당하거나 침해받을 수 없다는 점에서 마지막 순간까지 이를 지켜 나가야 합니다. 이는 곧 자신의 삶의 질을 높이고 행복을 찾을 수 있는 유일한 길입니다.

그런데 노년기에는 누구나 주변 사람과 관계가 끊어지게 되면서 상실감을 맛보게 됩니다. 물론 건강이나 자신의 역할, 경제력의 상실도 경험하게 됩니다. 자신의 외적 변화는 모든 면에서 소극적으로 만들고 사회적 역할도 자연스럽게 감소하게 만들지만, 이것이 인생에 대한 회의나 무력감, 의욕저하 등을 동반함으로써 불행한 노후를 보내서는 안 된다는 것입니다.

행복한 삶의 과제

우리 인간에게 가장 중요한 것이 행복입니다. 요즘처럼 복잡한 세상에서 행복한 여생을 보내는 것만큼 중요한 일은 없을 것입니다. 그런데 노년세대들은 경쟁사회에서 정신없이 살아오다 보니 행복이 무엇인지도 생각할 겨를이 없었습니다.

그래서 행복하게 살아간다는 것은 꿈같은 이야기가 되고 있습니다. 다시 말하면 남보다 잘살아도 행복이 무엇인지 모르고, 자식을 훌륭하게 키웠어도 행복하게 살아가는 길이 어떤 것인지 도무지 실감이 나지 않는 것이 요즘 노년세대들의 현주소입니다. 대부분 나이가 들면 외롭고 허무감에 젖어드는 것은 행복을 제대로 누리지 못하고 있음을 말합니다.

인간은 누구나 인생의 궁극적인 목표는 행복이라고 말합니다. 플라톤이나 아리스토텔레스와 같은 고대의 사상가들도 행복을 인생의 궁극의 목표로 내세웠습니다. 그들은 감각적 욕망의 충족보다는 그것을 절제하고 지성이나 신앙을 통해 정신적 만족을 충족시키는 것이야말로 진정한 행복이라고 보았습니다.

그런데 요즘 우리는 상을 받거나 복권에 당첨되는 등 기쁜 일이 생길 때 행복을 느끼게 됩니다. 그렇지만 그러한 일이 매일 반복될 수도 없지만 기쁜 일이 자주 일어나게 될 경우 그러한 상황에 금방 적응하는 것이 인간의 모습입니다.

다시 말하면 즐거움을 계속 느끼려면 즐거움을 야기하는 자극이 더욱 커져야 하지만 그럴 수는 없습니다. 그래서 행복을 일상적인 것이 아닌 한 차원 높은 곳에서 찾을 수밖에 없습니다.

행복에 대한 일반적 정의는 '주관적 안녕감'입니다. 평정심을 갖고 자기 삶에 대해 만족하고 보람을 느끼는 것을 말합니다. 그리고 주관적인 만족감을 갖기 위해서는 긍정적인 자세가 필요합니다.

현대인은 자신과 가족의 생활을 꾸려 나가는 데 모든 것을 바치게 됩니다. 그러다 보니 현대인에게 돈은 행복의 절대적 조건이라고 생각합니다. 그렇다고 해서 행복을 돈으로 살 수는 없습니다. 부유한 사람들이 평균 수준의 사람들보다 더 행복하다는 증거가 없다는 것이 연구 결과입니다. 반면에 부가 행복을 가져다주는 것은 아니지만 가난은 불행을 가져다준다는 것에는 대부분

동의를 합니다. 다시 말하면 경제적으로 평균 수준 이하의 사람들에게는 돈은 행복을 결정하는 중요한 요인이지만, 중간 이상의 사람들에게는 돈과 행복의 상관관계가 적어진다고 볼 수 있습니다.

그런 점에서 세계에서 가장 행복지수가 높은 나라인 핀란드를 눈여겨볼 필요가 있습니다. 유엔 산하 자문기구인 지속가능발전해법네트워크(SDSN)가 2020년 3월 20일 공개한 '2020 세계행복보고서'에 따르면 북유럽 국가인 핀란드가 3년 연속 1위를 차지했습니다. 핀란드가 세계에서 가장 행복한 나라라는 타이틀을 유지할 수 있었던 것은 탄탄한 사회 안전망과 촘촘한 지원체계 때문입니다. 특히 핀란드인은 행복이라는 말보다는 평온, 만족감을 더 중요하게 생각하며, 그러다 보니 사소하고 평범한 일상을 즐기면서 살아가고 있습니다.

세계행복보고서는 코로나19와 같은 전염병이 번졌을 때도 '신뢰도가 높은 사회'에서는 피해를 복구하고 더 나은 삶을 재건하기 위해 협력할 방법을 찾는다고 진단했습니다. 그러면서 "이웃과 기관이 서로를 도우려는 의지가 강하면 소속감을 높여주고 자부심을 느끼게 하는데, 이로써 얻는 이득은 재정적 손실을 보상할 만큼 크다."고 설명했습니다. SDSN은 1인당 국내총생산(GDP), 사회적 지원, 기대 수명, 사회적 자유, 관용, 부정부패 등 6가지 항목을 기준으로 국가별 행복지수를 산출해 순위를 매기고 있으며, 한국은 전체 153개국 중 61위에 머무르고 있습니다.

요즘 각 나라는 삶의 질에 대한 관심을 갖고 국민의 행복지수를 높이기 위해 노력하고 있습니다. 더구나 노년세대를 위한 일자리 창출에 나서고, 노인

복지에도 많은 투자를 하는 것은 초고령화 사회에 대비한 어쩔 수 없는 선택이라고 볼 수 있습니다.

이제 각자는 행복한 노년기를 보낼 수 있느냐 하는 근본문제에 천착할 때가 됐습니다. 건강하게 여생을 보내려면 경제적 여유도 뒤따라야 하지만, 인간이 왜 살아가는가 하는 것은 물론 인간이 어떤 마음으로 마지막 순간을 맞이할 것인가 하는 것에 대해서도 생각해야 한다는 것입니다. 특히 우리가 어려운 사람들을 도울 때 인생의 가장 큰 보람을 느끼게 된다는 것을 생각할 때 가족과 이웃, 나라, 세계를 위해 무엇을 할 것인가에 대해서도 고민을 해야 합니다.

그리고 노년세대들은 돈을 모을 줄만 알았지 쓰는 데는 아주 인색합니다. 다시 말하면 그들은 한평생 돈을 모으는 데 급급했다는 것입니다. 그러다 보니 죽음에 이르게 되면 가난한 사람은 가난한 대로 억울하고, 부자는 부자대로 많은 재산을 두고 가려고 하니 억울해합니다. 그런 점에서 참된 행복이 무엇인지 바로 알고 죽음의 순간까지 의미있게 살아야 합니다.

행복은 순간적인 감정이 아닌 장기간 지속되는 기분입니다. 따라서 행복한 사람은 자아실현에도 적극적이고 어떤 일이든 긍정적으로 바라보게 됩니다. 그들에게는 삶의 활력이 넘치는 것은 두말할 나위가 없습니다. 미래에 대해서나 사후세계에 대해서도 부정적으로 보지 않기 때문에 언제나 웃음이 떠나질 않습니다. 그것은 개인의 인생관과 세계관 등이 올바로 정립돼 있을 때 가능합니다.

인간은 마지막 순간까지 배우고, 사랑하며, 삶의 깊이를 더욱 깨달아 갑니다. 자아실현을 통해 자기만의 고유한 빛깔을 가지고 완숙한 경지에 이르게 됩니다. 다시 말하면 인간은 육체와 정신의 양면을 지닌 인격체로 살아간다는 점에서 육체와 정신적 성장을 통해 자아완성을 이루게 된다는 것입니다. 그런 점에서 우리가 나이가 들어가면서 비록 신체적 기능은 약화되더라도 정신적 성장은 결코 멈춰서는 안 됩니다.

그리고 노년기에 자녀들이나 복지시설에 의존하기보다는 주체적이고 창조적이며 공동체적인 삶을 추구하면서 자신의 고유한 역할을 해 나가야 합니다. 그래서 미래 세대 앞에 자랑스러운 모습을 남길 수 있고, 언제나 잊히지 않는 선배로 각인시켜야 합니다.

그것은 결국 나 자신이 어떻게 살았느냐에 따라 결정됩니다. 특히 우리는 오늘 이 시간이 인생의 가장 빛나는 순간이라는 것을 잊지 말아야 할 것입니다. 그것이 나를 올바로 지키고 주변으로부터 존경을 받을 수 있는 길이기 때문입니다.

개인주의에서 공동체주의로

어떤 조직이든 목표가 뚜렷하고 그 목표를 달성하겠다는 구성원의 의지가 있을 때 성공할 수 있습니다. 그런데 개인이 모여 형성되는 조직은 개인의 목표가 있는 반면에 전체가 지향하는 목표가 있습니다. 그래서 개인이 전체를 위해 무조건 살아야 한다거나 전체가 개인을 위해 희생을 강요당하지 않고 개인의 목적과 전체의 목적이 조화를 이룰 때 그 조직은 잘 굴러갈 수 있습니다. 그렇지만 인류역사는 수많은 명분과 논리를 내세워 봉건제도나 독재체제 등 비정상적 구조 아래 인간이 인간을 지배하거나 통제하는 비극이 끊이질 않았습니다.

따라서 오랜 관행의 주종관계와 착취·피착취 계급을 온전히 청산하고, 빈부격차로 인한 소외층이나 독재체제 아래에서 신음하는 사람들을 해방하기 위한 근원적 대책이 절실한 시점에 와 있습니다. 그것은 다름 아닌 누구나 차별 없이 행복한 공동체사회를 만드는 것입니다. 이제 시대흐름은 그러한 방향으로 가고 있다는 점에서 다행스러운 일이 아닐 수 없습니다.

개체목적과 전체목적

인간의 개성을 중요하게 생각하는 것은 인간은 누구나 천부인권(天賦人權)을 가지고 있기 때문입니다. 천부인권은 초국가적·전법률적 불가침의 권리이기 때문에 국가권력이라고 할지라도 침해할 수 없다고 보는 것입니다. 18세기 유럽에서 계몽주의자들은 인간은 태어나면서부터 자유롭고 평등한 인격과 스스로의 행복을 추구할 권리를 가진다며 자연권론, 즉 천부인권설을 주장했습니다.

우리나라도 헌법 제10조에서 "모든 국민은 인간으로서의 존엄과 가치를 가지며, 행복을 추구할 권리를 가진다. 국가는 개인이 가지는 불가침의 기본적 인권을 확인하고 이를 보장할 의무를 진다."라고 규정하고 있습니다.

그런데 지금은 미증유의 전환기를 맞아 개인의 가치가 크게 부각되고 있습니다. 자기를 드러내고자 하는 흐름이 인류사회 전반에서 나타나고 있습니다.

그 가운데 하나가 자신만의 공간을 마련해 자기만의 시간을 즐기자는 것입니다. 그래서 젊은이들 사이에 가장 많은 시간을 보내는 집안을 북 카페처럼 꾸미는 흐름이 나타나고 있습니다. 벽 색깔은 상아색 페인트로 벽을 직접 칠하고 벽면은 책장과 그림으로 채우는 것입니다. 이처럼 욜로(YOLO) 생활을 즐기는 '나 홀로 족'이 늘면서 주거환경도 크게 달라지고 있습니다.

코로나19의 확산에 따라 재택근무가 활성화하면서 누구나 한 번은 꿈꿨던 일이 한순간에 일상을 바꿔놓고 있습니다. 다시 말하면 언택트 문화의 확대로 조직 중심의 사회에서 개인의 사회로 변화하고 있는 것입니다. 로봇을 기반으로 한 자동화와 인공지능의 발전으로 일자리는 점점 줄어들면서 각자 살 길을 찾아야 하는 시대가 다가왔습니다.

특히 개인의 시대에는 사회가 만들어 놓은 통념에 얽매이지 않고 자신이 주체가 되어 자신의 색깔로 살아갈 수밖에 없습니다. 이는 지금까지의 방식으로는 생존할 수도 없고 성공하기도 어렵기 때문에 스스로 일을 찾고 자신의 행복을 디자인해야 하기 때문입니다.

그리고 이 같은 현상으로 집에서 모든 것을 해결하는 '인도어(indoor) 라이프'가 활성화하고 있습니다. 이러한 '인도어 라이프'는 코로나19 사태로 인해 갑자기 찾아온 것이라기보다는 젊은이들을 중심으로 자리잡기 시작한 새로운 삶의 변화라고 볼 수 있습니다. 유엔 산하 자문기구인 지속가능발전 해법네트워크(UN SDSN)가 3년째 '가장 행복한 나라'로 선정한 북유럽의 핀란드인들은 행복의 비법으로 집에서 가장 편한 옷차림으로 혼자 술을 마신다거나 현재의 순간을 온전히 즐기며 몸과 마음을 쉬게 하는 것을 들고 있습니다.

그동안 '홈족'에 대해 은둔형 외톨이라는 시각이 있었지만 젊은 세대를 중심으로 인식이 크게 바뀌고 있음을 볼 수 있습니다. '나다움'을 중시하는 MZ세대(밀레니얼 세대, Z세대)는 집에서 나름의 활동을 하면서 즐겁게 보내고자 하는 것입니다.

외로움과 고독은 나를 돌아보는 기회가 될 수 있습니다. 일각에선 상상 이상으로 빠른 속도로 확산되는 언택트 문화에 따라 파생되는 단절과 고립 현상은 인간관계에도 새로운 변화를 몰고 올 것으로 보고 있습니다. 특히 스마트폰과 소셜네트워크서비스(SNS)를 통해 주로 소통하다 보면 인간관계에 얽매이지 않는 자유로움은 좋지만 친밀함은 떨어져 외로움을 느끼는 사람이 없는 것은 아닙니다.

그러나 잦은 야근이나 회식에 익숙해져 있었던 직장인들이 주52시간제가 도입되면서 저녁이 있는 삶을 통해 가족들과 시간을 보내기도 하고, 취미생활에 열중하거나 스스로의 발전에 초점을 맞춰 업무와는 전혀 다른 분야에 도전을 하고 있는 것처럼 '인도어 라이프'는 젊은이들에게 새로운 트렌드로 자리잡게 될 것입니다.

그런데 우주의 모든 사물은 서로 연결성을 가지고 있습니다. 예를 들면 식물은 광합성작용으로 공기 중에 산소를 방출하고 공기 중에서 이산화탄소를 받아들여서 당을 만들고 있으며, 동물은 호흡작용에 의해 공기 중으로부터 산소를 흡수하고 이산화탄소를 배출하는 등 식물과 동물은 긴밀하게 상부상조하고 있습니다.

다시 말하면 모든 사물은 상호 관련성을 가지고 우주와 연결돼 있고, 그 우주는 한 치의 착오도 없이 운행되고 있습니다. 그리고 인체를 구성하는 60조의 세포가 상호 관련성을 갖는 것은 결코 우연적인 것이 아니라 정밀한 설계도에 따른 합목적적(合目的的)인 것이라고 볼 수 있습니다.

우리는 각자 마음껏 자신의 뜻을 펼쳐 나가야 하지만 모든 것이 연계돼 있기 때문에 나보다는 이웃을 먼저 생각할 수 있어야 한다는 것입니다. 그래서 우리가 이웃과 국가를 위해 자신을 희생하게 될 때 우리 사회는 온전히 유지되고 모두가 행복하게 살아갈 수 있기 때문입니다. 그것이 전체목적과 개체목이 조화를 이루는 길입니다.

공동체만이 대안이다

공동체는 인간이 모여 하나의 유기체적 조직을 이루고 목표나 삶을 공유하면서 공생·공영하는 조직을 말합니다. 공동체는 단순한 결속보다는 더 질적으로 강하고 깊은 관계를 형성하면서 상호 의무감과 정서적 유대, 공유된 이해관계를 바탕으로 끈끈한 형제애를 발휘한다는 점에서 인류가 마지막 단계에서 이뤄야 할 방향이라고 볼 수 있습니다. 다시 말하면 공동체는 처음에는 인적·지연적 결합으로 이뤄지게 되지만 종국에는 지역이나 인종·민족·국가를 초월해 인류 한 가족의 이상을 실현하는 것을 목표로 삼아야 한다는 것입니다.

서구의 근대화 과정에서 전통적 공동체를 해체하면서 새로운 공동체의 개념을 주창한 사람이 카를 마르크스였습니다. 그는 자본주의적 근대사회에 대한 비판과 혁명적 전복을 위해 독일의 철학자 루트비히 포이어바흐의 공동체적 개념을 전수하여 공산주의적 공동체의 개념을 만들었습니다.

포이어바흐는 인간은 감성적이고 공동체적인 존재라고 보았으며, 자연 속에서 인간들이 공동체를 만들고 서로 아끼고 사랑하면서 사는 것이 가장 인간다운 삶이라고 주장했습니다. 그리고 인간의 감각적·감정적 사랑은 본능을 뛰어넘기 때문에 인간과 환경, 인간과 인간의 통일을 가능하게 한다는 것이며, 인간 본질의 실현은 바로 나와 너의 통일, 곧 나와 너의 공동체라는 것입니다.

그런데 공산주의도 사유재산제 대신에 재산의 공유화를 실현함으로써 계급 없는 평등사회를 이룩하려고 했지만 실패하고 말았습니다. 이는 자본주의의 개인주의 이념에 대한 반대 또는 개조하려는 사회사상이지만 뜻대로 되지 않은 것입니다.

그리고 공산주의는 사회가 개인을 더 이상 억압하지 않음으로써 개인이 자유를 누릴 수 있다고 주장했지만, 북한과 같은 독재국가에서 보듯이 개인의 자유는 철저히 박탈당하고 말았습니다. 특히 공산주의 사회에서는 계급이 폐지되기 때문에 개인은 누구나 자유와 평등을 누릴 수 있다고 주장했지만, 일당 독재체제로 바뀌면서 오히려 개인의 자유는 박탈당하고 통제 속에 살아가게 됐습니다.

이처럼 공산주의는 계급과 국가가 타파된 자유로운 개인들의 연합체로서 개인들이 자유롭게 자기 발전을 추구할 수 있다고 주장했으나 그러한 꿈은 물거품이 되고 말았습니다. 우리는 공산주의의 실패를 보면서 이상공동체 실현을 위해 무엇이 중요한가 하는 것을 확인하게 됩니다.

즉 아무리 화려한 이상사회를 내세우더라도 그 세상을 이끌어 나갈 지도자나 구성원들에게 문제가 있으면 안 된다는 것입니다. 따라서 우리는 공산주의 실패를 교훈삼아 누구나 행복하게 살아갈 수 있는 공동체 실현을 위한 길을 찾아야 합니다.

그런데 한국 사회만 보더라도 산업화와 정보화가 급속히 진행되면서 전통적인 공동체는 자취를 감추고 있습니다. 더구나 개인주의가 확산되면서 공동체는 변곡점을 맞이하고 있습니다. 공동체의 이러한 위기를 기회로 만드는 길은 공동체 유지에 필요한 신뢰와 규범, 연대와 같은 가치들이 공유될 수 있는 환경을 만드는 것입니다. 그리고 치열한 경쟁 속에 살아가는 현대인들에게 공동체적인 삶이 얼마나 중요한가 하는 것을 공감하는 분위기를 조성해야 합니다.

현재 인류는 산업혁명 이후 이어져온 현대문명의 질주가 멈춰진 것을 목격하고 있습니다. 그동안 우리는 인류역사상 사람과 물자의 이동은 물론 생산과 소비가 가장 활발한 시기를 살아왔습니다. 그리고 자원 극대화를 통해 후손 몫까지 끌어다 쓰다 보니 전례 없는 풍요와 번영을 누리고 있습니다.

그러나 코로나19 사태로 인해 자유로운 이동이 어려워지고, 국제적 분업도 불가능해지는 등 그동안 우리가 배양해온 갖가지 문제점이 한꺼번에 터져나오면서 문명사적 충격을 던져주고 있습니다. 다시 말하면 코로나19라는 초희귀성·초파괴성 질병이 가공할 만한 속도로 퍼져 나가면서 인류에게 초불확실성을 보여주고 있습니다.

14세기 유럽에서 유행한 페스트가 봉건제도의 몰락을 가져왔듯이 우리의 앞날을 예측하기조차 어렵다는 것입니다. 여기다가 인류는 유사한 감염병이 언제 또 닥칠지 모르는 환경에 처해 있습니다. 지금은 인류가 18세기 말 산업혁명 이후 250년에 걸쳐 자연생태계를 파괴해오면서 바이러스의 역습을 당하는 측면이 없지 않습니다. 그동안 지구가 더 이상 버티지 못하는 순간이 올 것이라는 과학계의 경고는 계속돼왔습니다. 이번 코로나19 사태는 그 한 단면을 보여준 것에 불과합니다.

그런데 지구의 위기는 한계상황에까지 내몰렸다는 신호가 곳곳에서 매우 또렷하게 나타나고 있습니다. 특히 바이러스 확산은 기후변화와 밀접한 관련이 있기 때문입니다. 요즘과 같은 속도로 지구 온도가 계속 상승할 경우 머지않아 적도에 있는 수천 종의 바이러스가 인간들에게 옮겨올 수 있다는 것이 전문가들의 경고입니다. 빙하가 녹을 경우 100만 종에 달하는 바이러스도 되살아날 가능성이 크다는 것입니다.

지금 우리가 생각해야 할 것은 지구공동체를 어떻게 지켜내느냐 하는 것입니다. 우리가 더 늦기 전에 손을 쓰지 않으면 '호미로 막을 것을 가래로 막는다.'는 속담이 현실화할 수 있습니다. 전문가들이 코로나19 팬데믹이 일회적인 사건이 아니라 앞으로 찾아올 대재앙의 시작이라고 말하는 상황에서 이 지구를 지켜내기 위한 운동이 하루 빨리 시작돼야 할 것입니다.

그래서 인류가 오랫동안 자본주의라는 적자생존의 냉혹한 현실에서 성장을 최고의 가치로 삼아 달려왔지만, 이제는 무한경쟁보다는 다 함께 행복을 누리는 사회로 방향을 바꾸는 근본적 변화를 가져와야 합니다. 더 이상 세계가 독식하는 소수의 강자와 쇠퇴하는 다수의 약자로 구획돼서는 안 된다는 것입니다. 지금은 승자조차 살아남을 수 없는 세상이 다가오기 때문에 대변혁이 절실한 시점입니다.

과거 지구에는 다섯 번의 대절멸 사건이 있었고, 이번에 여섯 번째 대절멸의 위기에 직면했습니다. 그래서 온 인류가 위기의식을 가지고 난국 해결에 힘을 모아야 합니다. 우리 시대만이 아니라 후대까지 깨끗한 환경에서 살아갈 수 있도록 하기 위해서는 우리가 더 오래 살아가기 위해 발버둥을 친다거나 나만의 풍요와 번영을 생각하기보다는 다 함께 누리면서 살아가겠다는 의식혁명이 필요합니다.

지금 우리는 제4차 산업혁명 시대라는 문명사적 전환기를 살아가고 있습니다. 모든 패러다임이 달라지는 이때 우리에게 필요한 것은 시대흐름에 앞서가는 새로운 가치관으로 무장하는 것입니다. 그것은 개인주의를 넘어 누구나 차별없이 행복하게 살아가는 공생·공영의 세계를 실현하는 것입니다. 그럴 때만이 인류가 한 번도 경험하지 못한 위기가 닥쳐오더라도 거뜬히 넘어 인류가 꿈꿔왔던 세상을 만들 수 있기 때문입니다.

이제 우리에게 더 이상 시간이 기다려주지 않는다는 것을 생각하면서 누구나 공감하는 공동체 실현을 위해 바로 힘을 모아야 할 때입니다. 그것은 개인주의에서 공동체주의로 패러다임을 전환하는 길밖에 없습니다.

AI 시대를 이끌 새로운 가치관은

    과학기술문명은 제4차 산업혁명 시대를 맞이하면서 최대의 변곡점을 맞이하고 있습니다. 과학기술의 총아인 인공지능(AI)이 인간을 지배하는 단계로까지 이어질 가능성이 커지고 있기 때문입니다. 더구나 인공지능이 인간의 지능을 뛰어넘는 기점인 특이점이 2045년이면 도래한다는 미국의 컴퓨터 전문가인 레이먼드 커즈와일의 전망이 아니더라도, 컴퓨터는 인간이 어찌할 수 없을 정도로 스스로 폭발적인 발전을 가져올 수 있습니다. 만일 스스로 학습하고 생각하는 인공지능이 개발될 경우 인간이 컴퓨터에 대한 통제권을 완전히 상실하는 날이 올 수 있다는 것입니다.

    또한 과학은 신의 영역이라 할 수 있는 인간복제나 생명 탄생까지 넘보고 있습니다. 여기다가 병든 장기를 대체하고 수명을 연장하기 위한 실험이 계속되고 있습니다. 이제 전례없는 과학기술문명시대를 맞아 과학기술을 인간에게 이로운 방향으로 활용할 수 있는 새로운 길을 모색하지 않으면 안 될 때가 됐습니다. 그것은 결국 인간 본연의 위상과 가치를 회복할 수 있는 새로운 가치관으로 무장하는 길밖에 없습니다.

인간의 삶을 바꿔놓은 과학기술문명

요즘처럼 빠르게 발전하고 있는 과학기술이 인류를 어디까지 인도하게 될까요? 이와 관련해 가장 비중 있게 논의되는 것 중의 하나가 바로 '기술적 특이점'입니다. 인공지능 컴퓨터가 인간의 지능을 뛰어넘어 인간의 통제 영역 밖으로 벗어나는 시점입니다. 그때가 되면 인공지능이 만들어낸 연구 결과를 인간조차 이해하지 못하게 되면서 인간에게 어떤 상황이 전개될지 예측하기 쉽지 않다는 것입니다.

세계적인 인공지능 연구자이자 구글의 엔지니어링 이사인 커즈와일이 2005년에 쓴 《특이점이 온다(The Singularity Is Near)》라는 책에 따르면 2045년 전후를 특이점으로 예측하고 있지만, 최근에는 기술의 발전 속도가 더욱 빨라지면서 2030년에 도래할 것으로 주장하는 사람들도 있습니다.

인공지능은 인간의 능력을 컴퓨터 프로그램으로 실현한 기술입니다. 다시 말하면 인간의 지능으로 할 수 있는 사고나 학습, 자기 개발 등을 컴퓨터 시스템이 대신 모방해 수행하게 하는 기술을 말합니다.

커즈와일은 특이점이 오더라도 인공지능을 안전하게 관리한다면 인류에게 큰 위협이 되지 않는다고 말합니다. 그는 인공지능의 위험을 제거할 수 있는 대안은 인간 스스로 도덕적이고 윤리적인 사회를 건설하는 것이라고 주장합니다.

그리고 커즈와일은 "미래에 있을지도 모를 파괴적 갈등을 피할 수 있는 최선의 방법은 폭력을 감소시켜왔던 우리 사회적 이상을 계속 진보시키는 것"

이라면서 "그것이 궁극적으로 인공지능을 안전하게 관리할 방법"이라고 강조했습니다. 결국 인공지능을 통제하기 위해서는 우리 인간이 갈등과 분쟁으로 이끌었던 사사로운 욕망을 내려놓고 더 나은 세상을 위해 인공지능을 활용해야 한다는 것입니다.

그러나 많은 사람이 즐기는 보드 게임 '체스'는 이미 인간이 컴퓨터에 정복당한 영역 중 하나입니다. 2016년 3월 12일, 이세돌 9단과 구글의 딥마인드가 개발한 인공지능 바둑 프로그램 '알파고'의 3번째 대국이 '알파고'의 불계승으로 끝난 것도 바둑의 왕자 자리를 인공지능에게 내준 사례입니다. 이세돌 9단은 초반부터 공격적으로 판을 풀어나가며 분전했으나 알파고의 큰 그림을 그리는 계산을 넘어서지 못한 것입니다. 세계인들은 이 대국을 보면서 인공지능 시대의 도래를 실감했습니다.

이미 영화 '터미네이터' 시리즈에 등장하는 가상의 인공지능 로봇인 '스카이넷'에서 보듯이 스스로 지식을 습득하고, 연구하고, 판단하는 인공지능이 등장해 인간을 지배하는 날도 멀지 않았습니다. 영화 속의 '스카이넷'은 자신의 발전을 두려워하는 인간이 자신의 활동을 정지시키려고 하자 인류를 공적으로 간주하고 공격을 감행합니다. 여기서 다양한 전투 장비들을 제어하는 군용 컴퓨터인 '스카이넷'은 인간을 적으로 인식하는 지능을 갖게 되고, 이에 맞서 인간들이 대항한다는 것이 '터미네이터'의 대체적인 줄거리이지만, 결국 인공지능이 인간과 어떻게 조화롭게 미래를 그려 나가야 하는가를 보여주고 있습니다.

그리고 전문가들은 인공지능 무기들에 대해서도 우려하고 있습니다. 이미 여러 나라에서 무장된 드론이 스스로 표적을 찾아 사살하는 것처럼 인공지능 기술을 이용해 무기 개발에 나서고 있습니다. 인공지능 무기는 비용이 비싸지도 않고 대량생산이 가능하기 때문에 더 위험하다는 것입니다. 특히 인공지능 무기가 암시장에서 테러리스트들에게 거래될 수 있고, 통제 불가능한 독재자가 인종 학살에 이용할 수도 있다는 점에서 뜻하지 않은 결과를 가져올 수도 있습니다.

그리고 인공지능 기술의 발전과 함께 일자리가 줄어든다는 것은 이미 잘 알려져 있습니다. 은행 업무나 회계, 공무원의 행정 업무 대부분이 진화하는 알고리즘과 데이터 기술로 대체할 수 있습니다. 인공지능은 전문직 일자리까지 넘보고 있습니다.

뉴스 작성 알고리즘으로 일부 기자들의 지위가 위태로워진 것처럼 고숙련 전문직도 알고리즘의 공세로부터 벗어날 수 없는 상황입니다. 특히 환자의 의료 정보만 정확히 입력되면 자동으로 처방전까지 제시하는 알고리즘은 의료산업 속으로 깊숙이 파고들었습니다.

최근 정보통신기술을 활용한 융합 추세는 단순히 이종 산업 간 융합의 단계를 넘어 인간과 기술의 상호작용과 유기적인 융합을 통한 '포스트휴먼(post-human)'의 영역으로 발전하고 있습니다. 포스트휴먼은 인공지능과 로봇, 인지과학, 바이오공학 등 정보통신기술이 인간의 능력을 대체하거나 증강시키는 수준에서부터 미래의 신인류를 탄생시키는 영생불멸의 수준으로까지 진화하고 있습니다. 포스트휴먼은 정보통신기술, 인지과학, 나노기술, 바이오공학의 발달로 인간과 기계가 합쳐짐으로써 인간과 기계의 경계가 사라지는 것을 말합니다.

이렇듯 인간의 한계를 극복하려는 또 다른 차원의 연구로는 단순히 인간 지능을 대체하는 수준을 넘어 인간 정신을 복제해 영원히 살 수 있게 하는 '홀로그램 인간' 프로젝트를 들 수 있습니다. 홀로그램 인간은 인간의 정신을 복제하여 이 복제된 두뇌를 홀로그램 형태의 가상 신체에 심어주는 연구 프로젝트입니다.

러시아의 미디어 재벌인 드미트리 이츠코프가 주도하고 있는 '아바타 프로젝트'에 따르면 2020년까지 사람의 두뇌 속 데이터를 로봇에 전송하는 실험을 진행한 다음, 두뇌 복제와 인공두뇌 기술 개발 단계를 거쳐 홀로그램 형태로 존재하는 완전한 가상 신체를 2045년까지 완성하겠다는 계획을 세우고 있습니다. 이때는 수명이 다한 사람의 정신과 기억 등을 가상 신체로 옮길 수 있기 때문에 사실상 생명 연장의 꿈을 실현할 수 있게 된다는 것입니다.

여기다가 인공장기를 신체에 이식시킴으로써 생명을 늘린다거나 냉동인간, 나노의학 등을 통해 죽음을 회피할 수 있는 방법도 끊임없이 개발되고 있습니다. 이러한 노력은 단지 인간 신체에 그치지 않고 기술 혁신을 통해 인간의 지각·감각·정신적 영역으로 확장되고 있는 상황입니다. 그러나 인공지능적 생명체가 단기간에 탄생하기까지는 여러 가지 해결해야 할 과제가 산적해 있는 것은 물론입니다.

과학기술문명 시대를 이끌 새로운 가치관

인류는 그동안 삶을 편리하고 풍요롭게 만들기 위해 다양한 노력을 기울였습니다. 그러면서 과학기술의 발전에 따라 인간의 삶도 놀라울 정도로 개선을 거듭했습니다. 인간의 평균수명이 크게 늘어났고, 인공지능은 인간의 삶을 통째로 바꿔놓고 있습니다.

그렇다면 우리는 인공지능이 주도하는 제4차 산업혁명 시대를 맞아 어떻게 대응하면서 살아가야 할까요? 인류는 앞으로 멀지않은 장래에 더욱 발전된 과학기술에 의해 물질적 풍요를 누릴 수 있는 것은 물론, 값싼 청정에너지의 무제한 생산이 가능해지면서 깨끗한 환경에서 살아가게 될 것입니다. 그리고 인류는 더욱 건강하게 무병장수하며 평균수명을 최대한 끌어올릴 것으로 예상됩니다. 그래서 나보다는 남을 우선하는 새로운 가치관으로 무장한다면 인류에게 과학기술의 발전은 큰 축복이 될 것입니다.

경제개발협력기구(OECD)는 2019년 5월에 열린 경제협력개발기구 각료이사회에서 'OECD 인공지능이사회'의 권고안을 채택해 인공지능이 추구해야 할 가치에 대해 발표했습니다. 권고안은 △포용성과 지속 가능성 △인간 가치와 공정성 △투명성과 설명 가능성 △강인성과 안전성 △책임성을 일반원칙으로 내놓았습니다.

그 가운데 인공지능이 만들어낼 결과를 인간이 통제해야 한다는 내용도 담겨 있습니다. 그런 점에서 앞으로 전개될 인공지능의 명암을 직시하고 대책을 마련하는 것은 지금 우리가 당장 서둘러야 할 과제입니다.

인공지능이 고용에 초래할 수 있는 파괴력은 가늠하기조차 어렵습니다. 인공지능 로봇을 생산 현장에 투입했을 경우 인간이 직접 일을 하는 것보다 더 효율적일 경우 기업은 어쩔 수 없이 자동화시스템을 도입하지 않을 수 없습니다. 그래서 실업자가 양산될 수밖에 없기 때문에 국민들이 생계를 유지할 수 있는 기본소득에 대한 관심도 증가하고 있습니다. 인공지능 기술의 진화로 전통적인 일자리가 큰 폭으로 줄어들게 될 경우 기술적 실업이 초래할 공동체의 파괴를 내버려둘 수 없다는 것입니다.

　　특히 세계적인 스타트업 액셀러레이터인 와이컴비네이터의 샘 알트만 와이컴비네이터 CEO는 향후 5년간 미국 안에서 기본소득에 대한 실험과 연구를 진행할 계획이라고 밝혀 화제를 모으기도 했습니다. 이는 과학기술문명의 혜택을 누구나 골고루 누릴 수 있도록 새로운 가치관을 모색하려는 시도라는 점에서 눈길을 끌고 있습니다.

　　앞으로 인공지능 기술 개발을 놓고 국가나 기업 간 경쟁은 갈수록 치열해면서 격차 역시 크게 벌어질 것입니다. 그리고 인공지능 기술은 한편에서 풍부한 데이터와 정보를 제공함으로써 사회 발전에 기여할 것이지만, 다른 한편에서 시민의 감시와 통제, 데이터 독점, 여론 조작 등을 강화시킴으로써 부정적 영향을 끼칠 가능성 역시 배제할 수 없습니다. 그런 점에서도 과학기술이 부정적인 것이냐 긍정적인 것이냐의 문제는 그것을 활용하는 인간의 지혜와 의지에 달려 있습니다.

　　새로운 문명의 패러다임은 합리적인 가치 선택에서 시작될 수밖에 없습니다. 과학기술은 생태계의 파괴와 자연훼손의 도구로 사용되기도 하지만, 생태계의 보존을 위해 그 어떤 것보다 중요한 역할을 할 수 있습니다. 물론 생태계 파괴나 자연훼손이 초래한 위기의 책임은 과학 자체에 있는 게 아니라 과학을 잘못 활용한 인간에게 있습니다.

그런 점에서 자연생태계 보존을 위해 잘 활용될 수 있는 길을 찾아야 합니다. 인간은 결코 지구를 비롯한 우주의 주인이 아니라 공존해야 할 일부일 뿐입니다. 이렇듯 과학기술이 만들어낸 오늘의 문제는 인간에게 있으며, 그 문제를 해결할 능력과 의무, 책임을 갖고 있는 존재 또한 오직 인간뿐입니다.

이제 인간이 제4차 산업혁명 시대를 맞아 현명한 선택을 하기 위해서는 얼마나 올바른 가치관을 가지느냐에 달려 있습니다. 새로운 문명의 패러다임은 사물을 보고 생각하는 관점, 즉 인간관과 세계관 등 가치관의 혁명적 전환을 통해서만 만들어질 수 있다는 것입니다.

그런 점에서 우리 인간은 지배자가 아니고 지구와 자연의 일부로서 그것을 관리하고 보존해야 할 책임을 지고 있습니다. 따라서 우리 인간은 물질적 풍요만을 부추기는 자본주의 경쟁체제에서 벗어나 인간 본연의 내면적 가치, 정신적 풍요를 누릴 수 있는 가치관을 가져야 합니다.

그리고 인공지능 시대를 인류에게 필요한 방향으로 이끌어가기 위해서는 앞으로 과학기술을 다루는 사람일수록 건강한 가치관과 투철한 윤리의식이 필수적입니다. 예를 들면 많은 사람의 우려대로 다양한 분야에서 상황을 스스로 인식해 사람 대신 일하게 될 인공지능 로봇을 올바른 생각을 가지고 만들지 않으면 얼마든지 악용될 여지가 있기 때문입니다. 자율주행차도 먼저 사람을 어떻게 보호할 것인가에 대한 고민을 갖고 만들어야 합니다.

그런 점에서 인류는 앞으로 산업혁명 이후 경쟁적인 개발정책으로 파괴된 지구환경 문제를 해결하고, 치열한 자본주의 경제체제 아래서 제기된 빈부격차 문제, 앞으로 제4차 산업혁명 시대에 일어날 수 있는 갖가지 난제들을 총체적으로 해결하기 위해서는 비움과 나눔, 그리고 베풂의 공동체 정신을 살려 나가야 합니다. 그래서 누구나 차별 없이 행복을 누릴 수 있는 세상을 만들어 나가야 합니다.

다시 말하면 과학기술의 발전으로 우리가 살아가는 데 필요한 의식주 문제는 해결될 가능성이 커지고 있기 때문에 앞으로 우리가 살아가는 환경을 정화하고 이웃과 오순도순 살아갈 수 있는 길을 찾아야 한다는 것입니다. 이를 위해서는 정책이나 제도적인 개혁은 물론 나보다는 남을 먼저 생각하는 새로운 가치관 아래 전면적 변화를 이끌어 나가야 합니다. 이렇듯 나보다 남을 먼저 배려하고, 서로 아끼면서 사랑하게 될 때 웃음꽃은 영원히 피게 될 것입니다.

전환시대 새 길을 찾다

오늘날 인류는 문명사적 전환기를 살아가고 있습니다. 특히 인류는 산업 혁명 이후 적자생존의 치열한 경쟁 속에서 이뤄진 무분별한 개발과 자연생태 파괴 등으로 인해 누적돼왔던 문제들이 일시에 터져 나오면서 최대의 위기를 맞이하고 있습니다.

그동안 지구촌 곳곳에서 위기를 알리는 경고가 계속돼왔지만 우리 인간들은 살아가는 데 급급한 나머지 그것을 외면했습니다. 그리고 정보와 지식이 흘러넘쳤지만 그 위기의 진정한 원인과 해결책을 찾으려고 하지 않았습니다. 그러나 코로나19 사태를 보면서 위기감이 점점 깊어지고 해결책도 난망하다는 것을 깨닫기 시작했습니다. 근원적 해결책이 나오지 않으면 문명사적 전환기를 넘어설 수 없다는 것을 알게 된 것입니다.

지금 무엇이 문제인가

그동안 인류는 매연과 폐기물로 뒤범벅이 된 지구를 딛고 문명의 달콤한 이득을 취하는 데 골몰해 왔습니다. 따지고 보면 사람과 물자의 이동, 생산과 소비가 20세기처럼 유별났던 때는 없었습니다. 후손이 쓸 자원까지 끌어다 쓰면서 풍요와 번영을 구가했습니다.

미국 언론인 데이비드 월러스 웰즈는 《2050 거주 불능 지구》라는 저서에서 지구는 생성 이래 지금까지 모두 다섯 차례 대멸종 사태를 겪었으며, 6천 600만여년 전 공룡이 멸종한 경우를 제외하면 모두 다량의 화산폭발에 따라 발생한 온실가스에 의한 기후변화 때문이었다고 주장했습니다.

2억5천만년 전 대멸종 역시 이산화탄소가 지구 온도를 5도 증가시키면서 시작됐습니다. 그런데 오늘날 인류는 그보다 훨씬 빠른 속도로, 적어도 10배는 빨리 이산화탄소를 배출하고 있으며, 1990년부터 30년간 지구를 괴롭힌 오염 총량이 과거 2천년간 누적된 총량을 능가한다는 것입니다.

그리고 이 책은 2050년이 되면 기후난민이 최대 10억 명에 이르고, 여름철 최고 기온이 평균 35도 이상인 도시는 970개까지 증가한다고 밝혔습니다. 이에 따라 전 세계에서 25만5천 명이 폭염으로 죽고, 50억 명 이상이 물 부족 위기를 겪게 될 것으로 내다보고 있습니다. 이미 지구의 이산화탄소 농도는 한계치 400PPM을 넘어섰고, 평균온도는 해마다 최고점을 경신하고 있다는 것입니다.

유엔생물다양성과학기구(IPBES)도 지난 5억년 동안 다섯 차례 일어났던 대멸종 사태가 다시 시작됐다고 지적합니다. 이 기구는 보고서에서 "멸종 속도가 지난 1천만년 평균치보다 수십 배에서 수백 배 빠르다."면서 "수십년 안에 최대 100만종이 멸종할 것으로 예상된다."고 경고했습니다. 이 기구는 환경 파괴와 화석연료 사용, 인위적 대량 재배·사육 등 인류가 주범이라는 점에서 이전의 대멸종 사태와는 질적으로 다르다고 밝혔습니다.

그리고 자연생태계의 균형을 파괴하면 바이러스의 역습이 시작된다는 것을 이번 코로나19 사태는 확인시켜 주었습니다. 2016년 파리기후협약은 2050년까지 평균 온도 2도 상승을 한계치로 제시하면서 이를 넘어설 경우 대홍수, 가뭄과 기근, 해수면 상승, 도시 침수, 바이러스 창궐을 예고했습니다.

우리가 지구촌 시대를 살아가고 있지만 국제적 차원의 사회·환경 문제를 효과적으로 다룰 방법들은 아직까지 제시하지 못하고 있습니다. 특히 2015년 12월 195개국이 '파리기후변화협약'을 체결했지만 여전히 기후 위기에 대한 국제적 대응은 지지부진합니다.

그리고 2018년 9월 인천 송도에서 열린 제48차 IPCC(기후변화정부간협의체) 총회에서 지구 평균기온 상승을 1.5도로 억제할 것을 또다시 결의하는 '1.5도 특별보고서'를 채택했지만, 과연 전 세계가 탄소배출을 2030년까지 2010년 대비 45퍼센트 감축하고 2050년에는 '탄소 제로'를 달성할 수 있겠느냐 하는 것입니다.

그런데 이 권고는 현대인들의 생산과 소비 양식에 대한 근본적 전환이 없으면 달성하기 어려운 수치입니다. 현재 적극적으로 행동에 나선 나라는 소수에 불과합니다. 그렇지만 코로나19 사태 이후 탄소 배출량을 줄이는 것이 더욱 절박한 과제임이 드러났습니다. 다시 말하면 임계점을 지난 기후변화는 세계 전체를 재앙에 빠뜨릴 수 있기 때문입니다. 인류는 아직 닥치지 않은 미래의 위험보다 현실의 편익을 더 중요하게 생각하지만 코로나19 사태는 '설마' 가 현실이 될 수 있음을 보여준 것입니다.

이렇듯 인류가 그동안 누려온 삶의 터전이 송두리째 날아갈 수 있는 위기가 닥쳐오고 있지만 이를 극복할 대책 마련은 이뤄지지 않고 있습니다. 특히 지구환경이 인류의 생존을 위협할 정도로 끔찍한 상황에 이르렀음에도 여전히 '환경운동' 차원에서만 접근하고 있는 것이 현실입니다. 그래서 지구의 아픔을 내 아픔으로 생각하는 전면적인 의식 변화가 뒤따르지 않고서는 이를 극복할 수 없다는 점입니다.

오늘날 인류가 당면한 위기는 거대한 전환의 시기가 다가왔음을 절박하게 외치고 있습니다. 물론 그 외침은 오래전부터 시작됐지만 그것을 외면했을 뿐입니다. 그러나 이제 더 이상 미룰 수 없는 상황에 이르렀습니다.

더구나 인류는 정보통신기술과 생명공학기술에 의해 질병과 노화를 뛰어넘어 초지능과 결합한 초인류, 트랜스휴먼의 꿈에 부풀어 있었습니다. 심지어 인간이 신의 경지에 이를 것이라는 기대까지 가졌지만 그 찬란한 불빛에 가려진 위기는 감지하지 못했던 것입니다. 현재 인류가 진화하여 초인류가 된다는 기대 때문에 인간이 지닌 모순과 한계가 온 인류를 멸절의 위기로 내몰 수 있다는 것을 눈치 채지 못한 것입니다. 그런데 요즘 우리 인간들은 기껏 바이러스 하나조차 이겨내지 못하다 보니 앞으로 제2, 제3의 코로나19 바이러스가 몰려오리라는 경고에 주눅이 들고 말았습니다.

전문가들은 인류가 당면한 위기를 극복하기 위해서는 문명과 사유의 전환이 이뤄지지 않으면 안 된다고 경고하고 있습니다. 생각의 틀을 바꾸고 현란함과 풍요 뒤에 감춰진 어두움을 직시해야 한다는 것입니다. 그래서 지금은 이웃의 행복이 나의 행복이라는 공동체 의식 속에서 다 함께 위기를 극복해내는 지혜를 발휘하고 자본과 산업화에 성공한 근대의 체제를 넘어서는 패러다임 전환이 절실한 때입니다.

포스트 코로나 시대의 과제

인간사회는 어느 때이든 늘 요동치면서 발전을 해왔습니다. 특히 최근 들어 인류는 과학기술의 발달로 인위적 경계가 무너지고 세계가 한 가족처럼 소통하면서 지내왔습니다. 그러나 코로나19 사태로 사람의 이동이 제한되면서 공장이 멈추고 실업자가 늘어나는 것은 물론 비행기 운항 편수가 줄어들면서 국가 간의 거래가 대폭 축소되는 등 지구촌이 전혀 새로운 모습으로 바뀌고 있습니다. 코로나19 팬데믹은 개인의 일상과 사회 전반을 전면적으로 바꿔놓고 있습니다.

그동안 인류에게 닥쳐온 재해나 테러, 전쟁 등은 국제적 연대와 지원으로 어느 정도 해결할 수 있었지만, 코로나19 바이러스는 전 지구적 동시다발, 대규모 인명피해라는 특성을 지니고 있다 보니 해결책을 찾지 못한 채 우왕좌왕하는 것입니다. 우리가 잠깐 숨을 고르고 시간이 지나면 해결되리라는 생각으로는 요즘과 같은 시계 제로의 충격적 변화를 뛰어넘을 수 없습니다. 그래서 우리의 생활방식과 사회구조를 재구축해야 한다는 목소리가 높습니다. 온 인류에게 일시에 닥쳐온 충격적 재난에 대처하기 위해서는 새로운 패러다임과 매뉴얼이 필요하다는 것입니다.

세계가 코로나19 사태를 극복하기 위해 오프라인 활동의 핵심인 직장과 학교, 종교 활동, 의료시스템 등이 급속히 온라인으로 대체되고 있습니다. 이처럼 비대면 온라인으로 급속히 전환되면서 새로운 패러다임이 만들어지고 있습니다. 사회적 거리두기와 비대면 문화로 대표되는 이러한 변화는 일상의 모든 것이 온라인 플랫폼으로 전환되면서 '포스트 코로나' 시대의 뉴노멀로 정착될 것이라는 관측도 나오고 있습니다.

현대문명이 낳은 코로나19 사태는 생명의 실상에 대한 무지에서 비롯됐습니다. 그동안 우리 인간은 감각적이고 일회적 기쁨에 매몰됐던 것입니다. 그런데 지금은 인류의 생존 문제가 걸려 있는 문명사적 대전환기입니다. 더구나 기존의 어떤 철학이나 종교, 과학으로서도 현 난국을 극복할 수 없을 만큼 위기는 넓고 깊이 확산된 상황입니다.

이제는 생명의 실상에 대한 깨달음을 통해 미혹의 문명을 넘어서야 합니다. 무명의 문명을 깨달음의 문명으로 전환시키기 위해서는 우주만물이 서로 연결되어 있다는 인식의 대전환이 필요합니다. 다시 말하면 인간·자연·사회가 어우러져 함께 갈 때만이 현재의 위기에서 벗어날 수 있다는 것입니다.

인류역사를 살펴보면 전환기에는 성인이나 현철들이 나타나 새로운 가르침을 제시했습니다. 그들의 가르침을 오늘에 되살린다면 해법이 없는 것은 아닙니다. 그것은 성인들이 주장했던 것처럼 근원적 문제, 즉 본질로 돌아가는 것입니다. 그런 점에서 오늘날 인류에게 닥쳐온 위기들의 근본문제가 어디에 있는지 살펴봐야 합니다.

예를 들면 자본주의 사회의 가장 큰 현안인 빈부격차 문제가 이렇게 오게 됐는지를 생각하면서 오늘날 이 문제를 근원적으로 해결할 수 있는 방안을 찾자는 것입니다. 다시 말하면 온 인류가 다 함께 생존과 번영하는 길을 찾아야 합니다. 그것은 적자생존의 자본주의 사회에서 서로 나누고 배려하는 공동체사회로 전환하는 길밖에 없습니다. 정부나 기업, 그리고 개인이 더 이상 이윤 극대화의 시장논리를 추구하지 않고 공동체의 이익을 우선하는 근원적 전환에는 큰 고통과 부담, 불편이 따를 수 있지만 이 시기를 놓치면 더 이상 기회가 오지 않는다는 것입니다.

이제 문명사적 전환의 때가 도래했습니다. 산업화 이후 세상을 지배해온 성장과 개발 정책의 폐해가 고스란히 드러났습니다. 물질적 풍요를 약속했던 성장과 개발로 인해 자연은 파괴됐고, 사회적 불평등의 심화와 함께 삶이 피폐해졌습니다. 모두가 만족과 행복을 누리는 것이 아니라 불안과 공포에 휩싸여 있습니다.

그동안 기독교가 떠받쳐온 서구문명은 이성을 지나치게 강조한 나머지 신(神)을 퇴위시키고 그 자리에 인본주의 철학을 대치시켜 왔습니다. 만일 우리가 지금처럼 인간을 가치의 척도로 삼게 될 경우 모든 가치는 철저하게 상대화할 수밖에 없습니다.

따지고 보면 인간은 무엇이 참이고 거짓인지 분간하는 것조차 어려웠습니다. 아무리 참된 구상이 있다고 하더라도 그것을 운용하는 인간이 탐욕을 가지게 되면 물거품이 될 수밖에 없었습니다. 그래서 인류가 직면한 위기를 극복하기 위해서는 누구나 공감하고 참여할 수 있는 새로운 가치관으로 무장함으로써 새 길을 찾아야 합니다.

그것은 우리 인간이 누구인가를 새롭게 발견하고, 그동안 인류가 의지해 온 신을 정확히 아는 것이 중요합니다. 그러면서 종교 본연의 모습을 회복하면서 우선 가정에서부터 시작하여 사회와 국가, 세계로 연결되는 인간세상의 혁명을 실현해 나가야 합니다.

　여기서 인간을 새롭게 발견한다는 것은 인간의 고유 가치와 위상을 안다는 것이며, 그러한 기반 위에 인간의 존엄성을 되찾아 모든 인간이 본연의 모습으로 돌아가 행복하게 살아가는 길을 새롭게 정립하자는 것입니다. 그리고 지금까지 수많은 종교에서 내세운 신과의 관계를 올바로 정립하는 것은 이 세상을 어떤 길로 이끌어야 하는가를 확인하는 중요한 계기가 될 수 있습니다.

　더구나 현대인들은 신의 부재시대를 말할 정도로 신을 잃어버린 채 인간 중심의 사회를 이끌어가고 있지만, 이제는 잃어버린 신을 되찾은 뒤 신 중심의 절대가치관으로 무장하여 이 절체절명의 위기를 극복할 수 있어야 합니다. 즉 모든 인류가 신의 절대적 사랑을 체험하고, 절대적 진리인 우주를 지배하고 있는 영원불변한 법칙을 깨달을 때 비로소 가치관의 통일이 가능해질 수 있기 때문입니다.

　그리고 현대사회의 절실한 과제는 인간과 인간, 그리고 인간과 우주만물이 서로 조화로운 관계를 유지함으로써 오늘날 인류에게 직면한 총체적 위기를 근원적으로 해결할 수 있는 방안을 찾는 것입니다. 그것은 모든 인간이 차별 없이 행복하게 살아갈 수 있는 환경을 만듦으로써 인간사회가 안고 있는 갈등과 분쟁을 줄여 나가고, 인간과 우주만물 간의 조화를 통해 지구의 위기를 해결할 때만이 가능합니다. 그것이 온 인류가 공생·공영하는 길이요, 인간과 우주의 존재 가치를 회복하는 길입니다.

오늘날 과학기술의 눈부신 발달로 편리한 환경이 만들어지고 있지만, 코로나19 사태에서 보듯이 인류는 바이러스 하나에 무참히 무너질 수 있음을 목격하고 있습니다. 그래서 위기에 처한 인간사회를 살리기 위해 근본적인 해결책을 내놓지 않으면 안 될 때가 됐습니다.

결국 우리가 안심하고 평화롭게 살아갈 수 있는 세상을 만들기 위해서는 포스트 코로나 시대에 대비해 근본적인 패러다임의 전환을 통해 생각과 삶의 방식을 바꾸는 길밖에 없습니다. 이제 우리가 문명사적 전환기를 맞아 그동안 이루지 못한 인류의 꿈을 실현하기 위해 새 길을 모색하고 새 가치관으로 무장해야 합니다.

.

전환시대 생존조건

1판1쇄 인쇄 | 2020년 10월 20일
1판1쇄 발행 | 2020년 10월 25일
지은이 | 권오문
펴낸이 | 윤옥임
펴낸곳 | 브라운 힐
서울시 마포구 독막로28길 34
대표전화 | (02) 713-6523
팩번호스 | (02) 3272-9702
등 록 | 제10-2428호
ⓒ2011 by Brown Hill Publishing Co. 2011, Printed in Korea
ISBN 979-11-5825-091-1 03190